amor & tesão

Adriana Costalunga

amor & tesão

Como evitar as armadilhas que acabam com o casamento

MATRIX

Direitos em língua portuguesa para o Brasil:
Editora Urbana Ltda.
www.matrixeditora.com.br

Capa:
Darlene Fernandes Escribano

Diagramação:
Marcela Nascimento Meggiolaro

Revisão:
Pedro Silva
Adriana Parra

Dados Internacionais de Catalogação na Publicação (CIP)
SINDICATO NACIONAL DOS EDITORES DE LIVROS, RJ.

Costalunga, Adriana, 1967-
Amor e tesão : como evitar as armadilhas que acabam com o casamento / Adriana Costalunga. - São Paulo : Urbana, 2010.

1. Relação homem-mulher. 2. Casamento. 3. Pessoas casadas - Psicologia. 4. Conflito conjugal. I. Título.

10-4011. CDD: 646.77
CDU: 392.4

Sumário

7 Prefácio

Parte 1
11 O que acaba com o amor no casamento

Parte 2
71 O que acaba com o tesão no casamento

Parte 3
133 Por que um casamento acaba?

Epílogo
139 "Alice Maria e Paulo Roberto"

Prefácio

Todos os dias, nem bem acordamos e já estamos um pouquinho diferentes. Alguma coisa sempre muda. E esse tantinho de mudanças que incorporamos dia a dia, aparentemente desprezíveis, transforma-se em mudanças significativas com o passar do tempo.

É nesse contexto que os cônjuges realmente se perdem se estiverem alheios um ao outro.

Um belo dia, acordam e nada mais são do que dois velhos desconhecidos com o estranho hábito de fazer algumas coisas juntos, como assistir à TV, trocar presentes em certas datas, pagar contas, almoçar lasanha de micro-ondas no domingo, levar filhos ao shopping, fazer compras... e sexo.

O relacionamento entre as pessoas nunca foi fácil. Se pensarmos bem, exige um exercício mental intenso, pois, para cada indivíduo ou grupo com o qual interagimos diária ou esporadicamente, precisamos estar atentos ao que esperam de nós e ainda temos de responder às suas expectativas de uma forma diferenciada.

Em outras palavras, temos que nos esmerar para permanecer em alta nas redes sociais uns dos outros.

Qualquer um de nós sabe que seremos destituídos de tais convívios se não dermos a atenção adequada às pessoas envolvidas. No entanto, como se trata de interações rápidas e diversificadas, temos fôlego e boa vontade para retomá-las, digamos assim, sempre que necessário. O casamento, por sua vez, acarreta um enfraquecimento nessa nossa disposição em estar continuamente atentos e despendendo esforços a fim de decifrar as expectativas ou os desejos do outro em relação a nós. E não é para menos, tendo em vista que se trata de um relacionamento que figura como de longo prazo, indissolúvel e como um bem adquirido.

Em algum momento, duas pessoas semialcoolizadas fizeram juras de amor eterno sob o luar e alguns meses adiante confirmaram-nas diante de um juiz, de um padre, de umas trezentas pessoas e reafirmaram-nas ao assinar tudo quanto é papel. Consideram, enfim, que já se declararam aos quatro ventos e fizeram as peripécias amorosas necessárias para garantir a estabilidade da vida afetiva e que podem descansar. Ou que cada um tem grande apreço pelo outro – o cônjuge foi definitivamente conquistado.

Entretanto, isso nunca acontece. Podemos conquistar definitivamente um país com uma tesourinha de unha e uma colherzinha de café, mas nunca uma pessoa, porque as pessoas mudam.

Mudam de ideia em relação às outras. E tanto que – não raras vezes – desejam que o grande amor de suas vidas (aquele a quem um dia juraram entre afagos e beijos ardentes nunca, jamais ou em tempo algum abandonar) vá plantar batatas. O mais longe possível de suas vistas.

E tudo acontece num *clique*. O amor pode acabar num *clique*. O tesão, então, nem se fala.

Este é um livro escrito de forma imparcial, pois, a despeito das diferenças de expectativas entre homens e mulheres no casamento, ambos cometem igualmente seus descuidos, erros ou "pecados", por assim dizer – os cliques, que matam o amor e o tesão no casamento.

Nas 77 seções a seguir, serão descritas as situações que abalam o relacionamento. Situações que invariavelmente levam os casais às gélidas semanas de mutismo, desentendimentos por questões efêmeras, traições, brigas titânicas, falências e – não poucas vezes – à separação e ao divórcio. Trinta e oito itens descrevem os erros de comportamento – por vezes banais – que afetam a retribuição do amor entre marido e mulher e trinta e nove apontam os descuidos pessoais e de atitudes que minam a qualidade e a intensidade da atividade sexual (a ponto de desaparecer).

O objetivo deste livro é conscientizar o leitor e a leitora de que o relacionamento conjugal é um pouco diferente de qualquer outro que tenhamos, pois exige bem mais de nós. Ninguém pode deixar o cônjuge em *off* de vez em quando. De uma maneira ou de outra, temos ao nosso lado uma pessoa que está dividindo conosco seus sonhos, receios, neuras, expectativas, projetos e dores de cabeça e evidentemente deseja um pouco de atenção.

E assim ocorre conosco também: queremos que o outro tenha vontade de saber como passamos o dia, se aquele dedão em que demos uma topada na escada desinchou. Dá trabalho viver nesse toma lá dá cá?

É evidente que sim. Por outro lado, é para isso que nos casamos: para compartilhar a vida com alguém que escolhemos por afeição até o final de nossos dias. Para torná-la melhor, para nos sentirmos mais felizes e confiantes.

A tendência é que tudo dê certo e o relacionamento transcorra com leveza quando existe boa vontade entre o casal. Basta que alguns cuidados sejam observados no dia a dia para garantir que a união, a satisfação, o amor e o sexo estejam realmente presentes em suas vidas. É o meu desejo para você. Boa leitura.

Parte 1

O que acaba com o amor no casamento

1. Meu mundo, seu mundo: cada um na sua

O homem e a mulher se casam com o intuito de ficar mais próximos e presentes na vida um do outro. Querem desfrutar de mais companhia, de liberdade e de sexo. Esse é o ponto.

Podemos dizer que por trás de um pedido de casamento existe a seguinte conversa:

> *"Quero ter você mais à mão, minha querida. Sexo todos os dias. Topas?".*
> *"Sim! Sim! O quanto antes. O meu estoque de óvulos está se esgotando rapidamente e preciso ficar de olho em você, seu galinha!".*

E, por trás das intenções que verdadeiramente os impulsionam ao altar, há uma promessa de disponibilidade feita por ambos:

> *"Para o que der e vier... na alegria e na tristeza, conte comigo, amorzinho".*

Enfim casados, ou pelo menos vivendo juntos debaixo do mesmo teto, ambos tendem a ir esquecendo essa história de disponibilidade, por inúmeras razões – desde uma briguinha, passando pela inesperada visita da sogra até chegar à falta de dinheiro –, e se distanciam.

Quem descumpriu primeiro o trato e por que o fez, jamais saberemos.

Talvez este seja um dos maiores pecados que cometemos no casamento: tornamo-nos indisponíveis para o outro na maior parte do tempo. Muitas mulheres não trocam o diálogo neurótico dos personagens da novela para ouvir a fofoca que o marido tem a lhe contar sobre o Ademir da Contabilidade. E muitos maridos nem sequer se dignam a fazer algum comentário (ainda que um mero "legal") sobre a nova cor de cabelos de suas esposas. Acompanhá-las em programas infantis também é para poucos.

Assim, perdem o melhor da festa: o gosto pela convivência.

É muito frustrante para qualquer pessoa conviver com alguém que um dia o transformou num atributo de constelações e que de repente passa a viver num mundo à parte.

Ninguém se casa para viver inseguro em relação aos sentimentos do cônjuge, pois esse é um aspecto que afeta os demais segmentos de nossas vidas – principalmente para a mulher, que precisa administrar diariamente a autoestima com os pés na corda bamba. Todas nós temos condições de acordar de manhã cheias de coragem e desafiar o mundo para um duelo, mas é muito mais gostoso nos aventurarmos a fazer o que for com o apoio do homem que escolhemos para amar e viver conosco. E para o homem também funciona assim. No fundo e no raso, ele gosta de saber que sua mulher está torcendo realmente por ele.

Enfim, os cônjuges precisam estar presentes na vida um do outro. Não apenas presentes fisicamente, como dois totens comilões diante da TV, mas disponíveis. Disponíveis para conversar, para saber das escolhas um do outro, dividir as tarefas domésticas, cuidar dos filhos, para se divertir e fazer sexo. E para se surpreenderem com pequenos gestos.

Quem não gosta de receber uma ligação no meio do dia de alguém interessado em saber o que anda fazendo? É um mimo e pode ser dado em cinco minutos. É aquele toque que renova e traz aconchego ao encontro no final do dia. Pode não ser muito, mas tem um grande valor para quem o recebe.

2. Esticando as asinhas para os lados

Dificilmente os casais chegam a dividir o mesmo teto enquanto namoram. E se o fazem é por pouco tempo, como em fins de semana, feriados prolongados, férias... E sempre em hotéis, casas de praia, casas de amigos etc., onde já existe uma organização preestabelecida. Enfim, nada que possa realmente apontar como os pombinhos vão se adaptar em sua gaiolinha.

Uma vez nela, os pombinhos tendem a esticar confortavelmente suas asinhas para todos os lados e acabam invadindo o espaço um do outro, pois desconhecem os limites aceitos ou definidos por cada um.

É compreensível, tendo em vista que a fase que domina o namoro é muito voltada para a sexualidade. Não temos a menor ideia de onde começa ou termina o espaço de alguém que está sempre com o corpo colado ao nosso, por cima ou por baixo de nós. Também não estamos muito preocupados em propor limites ou o que for a alguém que nos deixa sempre *perdidamente* entretidos.

Então, depois que tudo se acalma, somos surpreendidos com aquela toalha encharcada jogada exatamente no lado da cama onde dormimos. Isso não é nada. O que dizer dos inúmeros pares de sapatos que parecem acreditar que têm de pagar aluguel para ficar na sapateira? E das roupas que sentem claustrofobia se guardadas no armário?

No entanto, entre os cônjuges, a invasão de espaço não se resume a suportar os objetos, animais e tranqueiras alienígenas um do outro. Seria administrável se fosse apenas isso. Vai muito além. Trata-se da maneira como cada um percebe o ambiente em si, das regras de cortesia e do quanto estamos dispostos a ceder ao outro.

Eis a cena. A mulher se encontra na sala (a única da casa), lendo confortavelmente uma revista à meia-luz do abajur. O marido chega ao recinto com a cerveja em mãos, acende a luz central e liga a TV para assistir a qualquer coisa ou apenas mudar de canais ininterruptamente. Que nome dar a essa situação? Nada menos do que invasão do espaço alheio. A mulher já havia criado o ambiente propício para si e o marido o desintegrou sem qualquer necessidade ou piedade.

Outra cena. O homem está entretido lendo o jornal na mesa de jantar e a mulher fica orbitando à sua volta tagarelando alto ao telefone. O caso é o mesmo. A esposa está desrespeitando o espaço criado pelo marido.

As visitas de amigos e parentes também se tornam invasivas quando falta disposição de um dos lados para recebê-los. (Certamente temos um problema pela frente se o homem ou a mulher nunca se mostrar com boa vontade para recebê-los).

O marido e a esposa que eventualmente levam trabalho para casa também precisam ser respeitados. As intromissões constantes por parte do cônjuge demonstram que a pessoa não compreende ou não respeita suas necessidades naquele momento.

Em festas, eventos, reuniões, ambos devem conceder um ao outro a oportunidade de conversar a sós com seus amigos ou familiares.

A questão do espaço também deve ser observada no momento em que um dos dois está resolvendo seus assuntos fora de casa. Em outras palavras: deixem que os homens troquem o óleo do carro em paz. Por sua vez, deixem-nos sossegadas no cabeleireiro.

Importa dizer que, hoje em dia, os casais iniciam suas vidas conjugais em apartamentos muito pequenos, de maneira que estão sempre esbarrando um no outro, o que enseja que prestem ainda mais atenção às delimitações do espaço alheio.

3. Falando com as paredes

Quando solicitamos algo a alguém, queremos primeiramente que esse alguém atenda ao nosso pedido, e que o faça o quanto antes. Até uma criança espera que seus desejos ou solicitações sejam ouvidos e realizados rapidamente pelas pessoas que a cercam. Do contrário, ela se põe a espernear e a chorar. É a única maneira que encontra para exprimir sua insatisfação.

E nós somos assim também. Não gritamos histericamente por aí, mas ficamos muito irritados ou magoados com qualquer pessoa que não leve em consideração um pedido que fazemos ou que demore demais para nos atender (no vai ou racha).

Entre os cônjuges, essa situação é ainda mais delicada, pois são duas pessoas que se sentem unidas pelo amor e por afeto, e por essa razão se magoam mais facilmente uma com a outra. Podemos não dar muita bola para um pedido que um colega de trabalho, um amigo ou um irmão nos negou ou esqueceu, mas sentimo-nos muito frustrados quando o cônjuge age com essa displicência.

Sentimo-nos ignorados, maltratados, abandonados, desprezados. Pensamos que falamos ou reclamamos com as paredes, que houve um descaso enorme por parte do outro. E quanto mais simples for o pedido não realizado, mais inconformados ficamos, pois sabemos que pouco custaria atender-nos, e advêm daí as brigas que começam por uma besteirinha.

Homens e mulheres pensam assim:

Se esta pessoa não pode me atender em algo tão insignificante, o que esperar quando lhe pedir algo realmente importante, como uma ajudinha se um dia eu estiver em alto-mar me afogando? "Ei! Dá para jogar a boia, amorzinho? Eu não sei nadar, lembra?" "Daqui a pouquinho, meu bem. Depois do almoço eu juro que faço isso."

Essa situação não implica apenas que nos magoemos ou queiramos matar o cônjuge com uma boa dose de crueldade, mas implica afastamento. Tendemos a nos afastar das pessoas que nunca se mostram inclinadas a atender às nossas solicitações. Deixamos de querer contar com ela (e que conte conosco).

Não podemos nos esquecer de que existe uma dinâmica no casamento. Existem os planos a serem realizados dia a dia, tanto individuais, quanto em comum. Existe a família, o lar e a necessidade de manter a sua organização. E para que tudo realmente funcione, marido e mulher precisam procurar atender às solicitações mútuas.

Parece difícil, e realmente é. Somos muito solicitados por diversas pessoas durante o dia. A tendência é que cheguemos em casa e não queiramos mais aceitar qualquer sugestão. Estamos cansados. Queremos largar as coisas em qualquer lugar, tomar banho por duas horas, comer pizza fria e limpar a boca na toalha. No entanto, temos de ter em mente que alguma adequação de comportamento sempre é necessária de parte a parte para que o convívio seja harmonioso como esperado.

É como qualquer atividade: se a praticarmos regularmente, se não a encararmos como um sacrifício sobre-humano, a tendência é que acabemos por considerá-la fácil de realizar. Assim, seremos mais solícitos com o cônjuge. E certamente seremos retribuídos.

Nesse contexto, cabe um pouco de filosofia de botequim: "Tudo o que desejamos ter em nossas vidas – desde amor até o carrão – requer nossa energia e zelo. Temos de estar sempre mexendo a panela, senão o feijão queima".

4. Ao casar, leve um terapeuta de brinde

Quando nos casamos, é comum acreditarmos que incorporado ao cônjuge ganhamos um terapeuta de brinde. Alguém que parece ter a obrigação de nos ouvir.

De certa forma, temos sim de ouvir um ao outro, é fundamental para o convívio. Queremos partilhar um papo gostoso, leve, descontraído, divertido. Mas temos um limite para as neuras, paranoias, problemas de toda sorte relacionados à conduta profissional, os dilemas familiares, os deslizes financeiros, enfim. E por mais que gostemos do outro, por mais que estejamos apaixonados, esse limite se transforma num problema enorme quando transborda.

O que acontece é que nem sempre quem vivencia um problema consegue alcançar rapidamente uma solução. Às vezes, a situação pode se prolongar indefinidamente, e enquanto isso, enquanto não vê a luz no fim do túnel, essa pessoa continua a bater na mesma tecla, a falar e a falar sobre a mesma lenga-lenga com aquele que julga estar ao seu lado para o que der e vier.

Evidentemente, o cônjuge pode se mostrar bastante inclinado a ouvir e a ajudar, mas por um tempo, depois acaba enjoando da história.

É compreensível, tendo em vista que qualquer pessoa, por uma questão de bom senso, enfada-se de se doar a quem só lhe traz angústia, insegurança, dor ou desespero, independente de ser este um amigo de infância, um parente próximo ou o cônjuge.

Também não podemos nos esquecer de que temos nossa cota de questões para resolver. Por vezes, mal estamos dando conta do recado, está tudo desabando e ainda somos constantemente inundados por problemas que não são nossos.

Nessa situação, tendemos a nos afastar daqueles que nos transformam num recipiente de suas neuras. Sentimo-nos agredidos por essas pessoas, pois estão tão centradas em si, tão absorvidas com suas elucubrações que se esquecem de interagir com aqueles que as ouvem. No momento em que vamos abrir a boca, ouvimos o seguinte:

Tô em cima da hora! Te ligo mais tarde! Até mais!

E assim também age o cônjuge que considera o outro o seu terapeuta. No momento em que este deseja lhe falar alguma coisa, é ignorado.

– *Sabe, eu estava pensando...*
– *Só um minutinho, amor... vou tomar banho agora!*

Certamente, quando alguém vivencia algum problema que considera sério, não necessita ficar ao lado do cônjuge com cara de figurinha sortida de álbum. Essa pessoa pode e deve deixá-lo a par, pode até lhe falar sobre o tal infortúnio todos os dias, mas em dosezinhas homeopáticas, tendo o cuidado de não sobrecarregá-lo. E, se isso não for possível, a melhor saída é buscar o apoio de um profissional competente.

É muito mais saudável para qualquer pessoa agir assim. Ao desvincular o cônjuge de seus problemas (ainda que parcialmente), você aproveita muito mais de sua companhia, se diverte, se sente disposto para o sexo e torna ao menos algumas horas de seu dia bem agradáveis. Essa atitude ajuda a desanuviar a mente e a pensar com mais clareza quando do retorno às suas questões.

Ademais, a imagem que o homem e a mulher têm um do outro é muito valiosa. E sempre há uma perda quando um dos dois se mostra por um longo período fragilizado, inseguro, perdido, amedrontado, abobalhado, neurótico. Enfim, ambos devem zelar para que o outro não acabe por considerá-lo nada menos do que um chato, um paranoico ou um boboca.

5. Comunicação a distância nem sempre funciona

A comunicação entre os casais só se torna inadequada após o casamento, não há dúvidas quanto a isso. É impossível não ouvir ou não compreender o que aquela pessoa que está sempre nos seguindo pelo cheiro, fungando em nosso pescoço, por baixo, acima ou, de alguma outra maneira, colada a nós, está querendo nos dizer. Vamos compreendê-la perfeitamente. E se não a compreendermos, não faz mal. Ela explicará bem baixinho em nosso ouvido outra vez, não será o fim do mundo. Tudo ficará bem.

Então, um dia nos casamos, e aquela pessoa que estava tão próxima de nós começa a nos dizer coisas ao longe, com metade do corpo enfiado dentro da geladeira, ou no andar de cima da casa, ou enquanto toma banho, varre o quintal, enfim, começa a se comunicar a distância.

E também o fazemos sem perceber, pois estamos nos acomodando com o cônjuge em um novo espaço, bem maior que o carro ou os quartinhos de motéis. Junte-se a isso o fato de que o homem e a mulher liberam entre si alguns metros a mais de corda após o casamento, pois sabem que as chances de fuga são agora pequenas.

A partir daí, ocorre um distanciamento físico e a comunicação deixa de ser satisfatória.

É importante que o casal tenha em mente que a comunicação entre as pessoas não se restringe às palavras, está em sua quase totalidade incorporada aos gestos não verbais. Assim, ficamos mais atentos a qualquer pessoa se pudermos juntar suas palavras à sua linguagem não verbal. Advém daí o fato de os casais se entenderem muito bem enquanto namoram: estão próximos. O que faltou compreender pelas palavras é acrescido pela linguagem não verbal. Tendemos também a não esquecer o que nos foi dito, pois a informação visual e a auditiva conjuntamente reforçam a solidez da mensagem.

Entretanto, após o casório, somos surpreendidos com o fato de o outro parecer não nos ouvir mais.

– Você não ia me buscar?

*– Você, **por acaso**, me pediu para eu te buscar?*

– Claro. Você estava na cozinha fazendo o lanche e eu estava na sala, lembra? Você disse que daria!

E até que esse casal chegue a lembrar quem falou o quê e quando, são horas e horas de discussão. O segredo é conversar com muita proximidade quando o assunto for relevante. E nada de disputar a atenção com a TV, pois o seu efeito hipnótico deixa a mente de qualquer um abobalhada.

Acima de tudo, manter a união, o companheirismo e a intimidade é importante. Desta maneira, os cônjuges naturalmente estarão sempre próximos para conversar e os entendimentos serão muito mais abrangentes.

Uma dica: procure utilizar um tom de voz ameno, gostoso, melodioso, sexy, enfim, algo que chame a atenção do outro quando for lhe informar algo ou pedir alguma coisa. Nada de falar como se estivesse mandando o cão para fora da sala. Certamente, dessa maneira, o cônjuge ficará mais atraído pela conversa e a fixará com mais detalhes.

6. Quando a ressaca do desentendimento atravessa décadas

Em termos de evolução, há muito pouco tempo começamos a nos comunicar pela fala. Até então, quando nosso ancestral homem queria algo de nossa ancestral mulher, ele simplesmente dava um grande urro para demonstrar sua insatisfação. Ela, por sua vez, ou o atendia, ou lhe jogava um utensílio de pedra na cabeça. Assim levavam suas vidas. Nada que se compare a esse blá-blá-blá todo que envolve a convivência do casal moderno.

Ainda que nos comuniquemos sem parar, temos muito que aprender. Somos desajeitados ao falar. E geralmente falamos antes de elaborar adequadamente nossos pensamentos.

Numa briga conjugal, acabamos por utilizar as palavras como artilharia, sem qualquer controle. Vamos falando o que nos dá na telha até atingir o outro em algum ponto.

Depois, temos de aturar a ressaca do desentendimento por dias... meses... anos... décadas...

– *Você falou isto...*
– *Falei sem querer! Juro que não penso essas coisas!*
– *Se não pensa, por que falou?*

E nenhuma explicação nos ocorre, a não ser dizer que poderíamos estar com algum encosto naquele momento.

O desenvolvimento da linguagem verbal certamente nos trouxe alguma melhora na convivência conjugal (apesar de vez ou outra ainda lançarmos mão de urrar e atirar objetos um no outro), mas está bem longe do ideal, pois vivemos encrencados. Homens e mulheres de todos os continentes vivem explicando-se uns aos outros.

– Ora, amorzinho! O que eu quis ***exatamente*** *dizer quando te chamei de idiota foi...*

Apesar de ser crítico o momento, com alguma criatividade por parte de um e boa vontade por parte do outro, a situação pode ser resolvida. E assim o casal continua a tocar sua vida, cuidando para evitar essa cena no futuro.

No entanto, se um dos dois empacar naquilo que ouviu e não gostou, não há explicação ou desculpas que o façam mudar de ideia. O que conta é apenas a vontade por parte de ambos em finalizar a questão. E nada mais.

Devido à sua complexidade, o relacionamento entre marido e mulher precisa estar necessariamente acima das palavras. O amor, o afeto, a história, a família e o carinho que os unem devem ter força suficiente para desembaraçar os momentos complicados. Os sentimentos, enfim, devem prevalecer sobre as picuinhas.

Do contrário, temos de viver ao lado um do outro como se estivéssemos pisando em ovos, discutindo a todo instante por questões efêmeras, e muito perdemos da leveza, da autenticidade e da alegria da convivência. Muito perdemos do amor. Da paciência, então, nem se fala.

7. Retorno ao vale das mágoas

De vez em quando, somos surpreendidos por uma cena que o cônjuge traz lá do baú.

– Você ficou o tempo todo na festa olhando para o traseiro daquela mulher...

Ou ainda:

– Você me mandou embora naquele dia, lembra? Chegou a fazer as minhas malas...

Assim como os elefantes, marido e mulher parecem ter uma memória prodigiosa quando se trata dos deslizes do cônjuge. Determinados eventos nunca são esquecidos, nem ao reencarnarem. Em vista disso, permanecem presos a uma situação que, por vezes, deixou de ter sentido há séculos para o outro. E nada que este faça (desculpar-se pela milionésima vez, mudar de assunto, levar na esportiva etc.) parece afugentar essa assombração de sua vida.

Em alguns casos, o cônjuge ofendido pode estar precisando de um pedido de desculpas *bem dado*, pois, em seu íntimo, considera que o outro não deu a importância devida à sua indignação. E, por essa razão, vira e mexe volta a falar sobre a mesma questão, esperando receber as desculpas ou o montante de explicações merecidas.

Creio que não custa nada tentar satisfazê-lo.

– Eu realmente fui um idiota, um troglodita, um asno mesmo! Estou realmente arrependido por ter olhado por alguns segundos para a bunda daquela mulher!

Ou:

– Estava tão perdida naquele dia... não raciocinei direito, entende? Mas depois disso, percebi que gosto mais ainda de você!

Podemos até acrescentar aí um jantar, um presente, algumas promessas... e com certa boa vontade por parte de quem se diz magoado tudo pode se acertar.

Do contrário, a questão estará sempre se sobrepondo às outras que certamente virão, tornando-as ainda mais difíceis de resolver. Em outras palavras, marido e mulher terão de lidar com os conflitos do presente juntamente com os que surgem do passado. A partir daí, já não conseguem decifrar muito bem o que acontece e o caldo entorna de vez.

Uma coisa é certa: não temos como evitar o registro das ações do cônjuge em nosso subconsciente. No entanto, cabe a nós determinar o que é ou não relevante. Que lembranças iremos manter ou não em primeiro plano.

Ademais, importa dizer que sempre vamos vivenciar algum conflito, não tem jeito. Homens e mulheres, por mais que se entendam, por mais que se amem, são tão parecidos quanto dois alienígenas de galáxias distintas. Junte-se a isso o fato de que vivem no mesmo ambiente e ainda o dividem com os filhos, cães, gatos, passarinhos... e, por vezes, com a sogra. De quebra, ainda necessitam lidar com as contas a pagar, com o trânsito infernal, o emprego, os altos e baixos da vida e uma soma de incumbências do dia a dia. Temos, pois, de contar com a compreensão mútua. Qualquer outra espécie animal teria se extinguido se tivesse que viver dessa maneira.

8. O que pode ser uma coisinha à toa... é o fim do mundo!

Partindo da premissa de que homens e mulheres, por mais que se entendam, por mais que tenham afinidades, sempre serão muito diferentes em vários aspectos, não temos como avaliar o quanto magoamos um ao outro, pois cada um pensa e interpreta determinadas situações à sua maneira, de acordo com a sua personalidade. O que pode ser uma coisinha à toa para o marido pode ser o fim do mundo para a mulher.

Nessa situação, nenhum malabarismo romântico do cônjuge ofensor poderá dissipar as mágoas do cônjuge ofendido enquanto este não receber o pedido de desculpas que considera à altura da infração. O seu ego está ferido. E o ego não se inclina a nos dar muitas opções. Ele só nos diz o seguinte:

– Uma falta desta não é perdoável! Tome uma atitude! Mate-o!

O exemplo foi dado intencionalmente através de uma mulher (ou do ego de uma mulher), com o objetivo de salientar o seguinte: as mulheres são mais sensíveis por natureza, e por essa razão se magoam mais facilmente que os homens. Após a maternidade, essa sensibilidade aumenta ainda mais, pois os filhos exigem dela esse toque tão feminino e fazem-na aflorar. A mulher fica mais forte, bem mais decidida e ousada, mas também mais sensível.

Outro ponto. Quando um homem se descontrola diante de uma mulher, sua agressividade é bem maior do que quando ela se descontrola diante dele. Não há como comparar, a não ser que a mulher seja o dobro do homem e vá para cima dele com a vassoura. Mas esse não é o padrão (só para os azarados). Por esse motivo, a mulher tende a se sentir mais magoada do que o homem após uma discussão.

Por outro lado, somos rápidas para falar e intuitivas. Vamos soltando o verbo e acabamos por acertar o cônjuge em suas feridas. E isso realmente dói.

Homens e mulheres devem, portanto, estar atentos quando da necessidade de se desculparem um com o outro. Muitos e muitos casamentos terminam por falta de um *único* pedido de desculpas.

9. Encontro às refeições

Ainda não encontrei uma pessoa que discorde: alimentar-se é um ato prazeroso. O aroma a que somos expostos antes das refeições já nos deixa bem mais animados. Estamos ali trabalhando e, sem perceber, colocamos uma nova energia naquilo que realizamos.

O humor de qualquer um melhora com o prenúncio do almoço ou jantar, independentemente do que esteja vivenciando ou fazendo. Durante as refeições, naturalmente relaxamos, pois toda a nossa energia está centrada no ato de se alimentar e tendemos a não pensar em nada além do que vamos atacar de gostoso na mesa. Enfim, comer é algo realmente bom.

É importante que o casal priorize o encontro às refeições, pois é um momento em que ambos desfrutam de certa alegria, leveza e descontração em seu íntimo, o que os ajuda a ter uma conversa agradável. A partir daí, é possível manter e fortalecer o interesse pela companhia um do outro.

O café da manhã é excelente. É aquela horinha fresca do dia em que nos encontramos revigorados e com a cabeça boa. Marido e mulher que a compartilham saem mais dispostos para trabalhar e sentem-se mais presentes na vida um do outro. Nesse momento, em que existe proximidade e troca de afeto, qualquer solicitação feita de um para com o outro será mais bem fixada e recebida.

– Quer mais pãozinho?
– Ah sim, meu bem.
– Com muita manteiga? Hoje estou meio atrapalhada... Você pode pegar o Júnior no judô?
– Sem problemas! Lembrei uma coisa: é aniversário da minha mãe no sábado. Você pode comprar um presentinho pra ela?
– Tem certeza? Ela vai torcer o nariz como no ano passado. Gastei uma fortuna naquela bolsa e ela detestou...
– Imagine... ela me disse que adorou...

E assim vai. Por outro lado, o desencontro contínuo às refeições promove o distanciamento do casal, pois esse tempo de que ambos dispõem para estar juntos, descontrair-se com assuntos banais, falar sobre seus planos e o dia a dia não é aproveitado. Eles se alimentam sozinhos, em horários ou locais distintos.

Esse é um ato que nos traz também desolação ao espírito. Desde os primórdios da civilização, gostamos de estar em grupo no momento em que nos alimentamos. Gostamos de compartilhar o prazer da comida. E quando não podemos desfrutar desse prazer tão antigo com o cônjuge, naturalmente nos sentimos afastados de sua presença.

Comumente os desencontros às refeições entre marido e mulher acontecem após a chegada dos filhos, uma vez que a rotina do lar é alterada. E até que ela venha a se restabelecer, o casal pode tentar ao menos compartilhar uma taça de vinho antes de dormir, ou uma bebida quente, enfim, algo que lhes dê prazer e os una de uma forma descontraída por alguns momentos.

As refeições devem ser realizadas longe da TV, para que possam realmente ouvir um ao outro e conversar sem qualquer distração.

10. Alvo de piadas

Ninguém escapa de ouvir do cônjuge uma gracinha mal colocada de vez em quando. Faz parte de qualquer relacionamento. Nada que não possamos eventualmente suportar. Vamos ouvir e vamos também nos expressar com pérolas inoportunas.

Somos estabanados ao nos comunicarmos. Tanto que, neste exato momento, milhares de pessoas ao redor do mundo estão se desculpando umas com as outras por dizerem algo que não queriam ter dito.

"Não... não quis dizer que você está velha para se casar... imagine... você entendeu mal. Quis dizer que agora você tem mais experiência de vida..."

"Perdoe-me por falar mal de advogados... não imaginei que você trabalhasse na área jurídica. Mas você tem jeito de ser muito bom no que faz."

"A sua mulher não é chata. Não foi o que eu quis dizer. Apenas considero que tem muita personalidade."

Para evitar qualquer mal-entendido, devíamos nos desculpar com o nosso interlocutor previamente:

"Desculpe-me se eu o ofender nos próximos dez minutos. Creia-me, terá sido sem qualquer intenção. E continue a levar o meu pedido em consideração caso continuemos a nos falar após esse período e eu o ofender de alguma forma".

Todos nós sabemos que existe uma linha que separa uma expressão desajeitada – fruto de nossa inabilidade social – e a ofensa. E assim vamos tentando nos comunicar, relevando aquilo que percebemos ser apenas um deslize da outra parte, seja por não nos conhecer muito bem, por estar com pressa, distraído, com problemas alheios à conversa, enfim, damos uma colher de chá para todo mundo. E também a recebemos.

No entanto, entre um casal, essa linha é bem mais delicada, pois um espera que o outro o conheça de tal maneira que saiba como não o ofender, desprestigiá-lo ou magoá-lo (principalmente em público). Espera que tenha ciência de suas fraquezas e feridas. E, acima de tudo, que o ostente por aí como uma pessoa bem-resolvida, inteligente e dona de si, não como alvo de piadas ou um idiota abobalhado que vive fazendo besteiras.

Certamente ninguém se casa para ter por perto uma pessoa que hora e outra o desqualifique, que mine sua autoestima tanto dentro como fora do lar.

11. Programas familiares sem fim

Faz parte da vida de qualquer casal participar de uma série de programas familiares. Não há como fugir deles: almoço na sogra, festinhas de sobrinhos, casamentos de primos e por aí vai.

Sexta-feira costuma ser o dia do pânico:

– Amanhã? Outra festinha? Não acredito. Quantos sobrinhos você tem? Já comprou o presente, pelo menos?

E sábado de manhã é aquele corre-corre.

Certamente existe o lado bom dessa história. Querendo ou não, os encontros em família costumam ser divertidos, enlaçam pela afetividade ainda mais o casal ou no mínimo promovem alguma descontração para ambos.

Outro ponto. Os cônjuges que participam da vida familiar um do outro – sem reclamar – demonstram que estão afeiçoados, que desejam levar adiante a união.

Um grande indício de que o casamento está indo mal para qualquer pessoa começa no afastamento do cônjuge de sua vida familiar. Aquele que não deseja mais viver com o seu companheiro ou companheira sente-se naturalmente desvinculado da família do outro. O afeto estendido do cônjuge à sua família simplesmente deixa de existir (na maioria dos casos, mas sempre há exceções).

Enfim, quando nos casamos levamos de embrulho a família um do outro, o que totaliza duas famílias. E temos que dar conta daquela que formamos com o cônjuge, o que dá um total de três. Junto ao pacote, ainda há os amigos de ambos, colegas de trabalho e outras pessoas que passam com o tempo a fazer parte do círculo social de cada um.

Se pensarmos bem, é muita gente para qualquer um se relacionar. Advém daí a necessidade de o casal declinar de alguns convites eventualmente para atender às necessidades de atenção de sua própria família, seja ela formada apenas por marido e mulher, ou marido e mulher e um bebê, marido e mulher e sete filhos, não importa. O núcleo familiar deve ser priorizado e deve se relacionar de forma mais íntima sempre que possível.

É difícil dizer "não" de vez em quando para algumas pessoas? É. No entanto, nesse momento temos de pensar que estamos dizendo "sim" aos planos que fizemos com o cônjuge e ao relacionamento que desejamos ter e desfrutar.

12. Faltou aquele incentivo

Nada neste mundo é pior do que nos aproximarmos de alguém inundados por uma boa ideia e ouvir o seguinte:

"Não sei, não... acho que não tem mercado..."
"Você pirou?"
"Esquece! Você não leva o menor jeito pra isso!"
"Voltar a estudar? Pra quê? E quem é que vai cuidar das crianças?"

E quando esse alguém é o cônjuge, a situação é muito pior, pois esperamos que essa pessoa mostre-se inclinada a nos apoiar ou ao menos pondere conosco sobre os prós e contras daquilo que cismamos de realizar.

Evidentemente, tudo o que planejamos fazer envolve riscos e acima de tudo, dinheiro. Esse é um ponto pacífico. No entanto, essas questões podem ser administradas com cautela, de maneira que o orçamento doméstico não seja prejudicado.

Outro ponto. Qualquer atividade à qual o homem ou a mulher venha a se dedicar – desde um mero curso de inglês à abertura de um negócio – vai invariavelmente alterar a rotina familiar, o que, de certa forma, também pode ser administrado se houver disposição entre o casal.

É claro que temos receio de mudar as coisas quando vivemos com alguém. Mas o casamento exige mudanças, exige que marido e mulher se sacudam de vez em quando, que saiam da rotina para não afundarem de vez no sofá e perderem suas identidades ali.

Esses desafios os transformam e os deixam mais alegres, motivados, confiantes, determinados. Mais importante: esses desafios tornam o outro mais *sexy,* mais atraente.

A autoconfiança é um elemento mágico que torna as pessoas bem atraentes. É algo que só traz vantagem para o relacionamento, que renova a imagem, a intimidade e o afeto.

Enfim, as mudanças ajudam os cônjuges a se reavaliarem e se redescobrirem. Ajudam a mostrar a nova pessoa que existe no íntimo de cada um.

Assim, marido e mulher devem se arriscar a dar o máximo de apoio mútuo, afinal, foi para isso que se casaram: para contarem realmente um com o outro, nos erros e acertos.

Vale acrescentar que sempre que desvirtuamos os caminhos de alguém, por melhores que sejam as nossas intenções, nós o impedimos de progredir. E quando isso acontece, somos cobrados futuramente por nossas ações.

13. Eu só quero cuidar de você, entendeu?

Isso acontece com quase todas as pessoas que se casam. Em alguns momentos, pensamos estar novamente com cinco anos de idade e sob as ordens do pai ou da mãe. Quem já não foi surpreendido por algumas das afirmações seguintes?

"Desliga isso! Que música horrorosa!"
"Deixa este doce aí! Faz mal comer porcaria!"
"Este sabonete não... pega o da marca que ***eu*** *sempre levo."*
"Vai sair com este frio? Quer ficar doente?"
"Você não vai pedir pizza hoje. Deixa para amanhã!"

Certamente praticamos esse controle sobre o outro, digamos assim, com as melhores intenções. Não queremos que se resfrie, adoeça, engorde, vire um tribufu, passe mal do estômago, seja assaltado etc. Acontece naturalmente, algo que fazemos quase sem pensar, e com o intuito de zelar pelo bem-estar do cônjuge.

Ocorre que entre uma atitude de proteção a alguém e uma de controle sobre os atos de alguém existe a mais delicada das linhas. E quando ela se rompe, qualquer pessoa se sente agredida em sua natureza, pois deixa de exercer seus atos com autonomia.

Nem sempre estamos dispostos a ceder em nossas vontades, por piores que possam parecer aos olhos do cônjuge. Por vezes, queremos comer pizza requentada à meia-noite ou a balinha de café que o outro considera muito ruim, acender incensos pela casa inteira, trabalhar no domingo, sair na chuva para enfrentar o trânsito que for, mandar a dieta para o espaço, ouvir Chitãozinho e Xororó durante o banho, assistir a um filme B de terror e comer uns sete pastéis de carne na feira e ainda levar o cachorro para passear às onze da noite.

Não se trata de rebeldia, trata-se do exercício da personalidade. Precisamos praticar nossas vontades, é fundamental que o façamos. É dessa maneira que buscamos a saúde da mente, do corpo e do espírito, que damos vazão à pessoa que somos. Do contrário, começamos a nos sentir desmotivados para viver, depressivos e sufocados. E, por uma questão de coerência, tendemos a nos afastar ou mesmo agredir aquele que cerceia nossa liberdade, que está sempre por perto para nos impedir de fazer as mínimas coisas que desejamos.

"Macarrão a esta hora? Está muito tarde! Vai dormir!"

Certamente nenhuma mulher vai aceitar um marido que vive bêbado e caído em portas de botecos. E nenhum homem deseja que sua esposa saia por aí sozinha de madrugada. Não é esse o caso. Existe uma coerência de atitudes, normas, por assim dizer, que marido e mulher definem como imprescindíveis e aceitáveis entre si para poderem conviver. E não entram aí coisas absolutamente sem importância como a marca do sabonete que cada um deve usar, quando devem tomar banho, que músicas ouvir, que filmes assistir ou o horário de acordar no domingo.

14. Modelando o cônjuge

Quem é que não pensou – *antes de se casar* –, que precisava dar uma acertadinha em determinado comportamento do cônjuge?

"Vou torná-lo mais sociável depois do casamento. Tenho certeza!"
"Ela vai parar de ter chiliques com bichos. Vou levá-la a tudo quanto é passeio exótico."

Ou uma boa ajustada:

"Com uma conversinha, ele acabará cortando aquele rabinho de cavalo."
"Vou transformá-la numa alta executiva!"

Esses acertos tão almejados nada mais são do que uma tentativa de transformar o cônjuge em algo mais parecido conosco. Temos um apego enorme à interessante pessoa que somos. Por essa simples razão é que desejamos que o outro se modifique em alguns aspectos e se torne alguém assim tão interessante como nós mesmos. E fácil de lidar.

Até aí, tudo certo. Faz parte da natureza humana contar com essa pretensão em seu espírito. Até mesmo com os amigos agimos (inconscientemente?) assim. Comumente os aconselhamos a fazer as coisas, de um modo ou de outro, como nós fazemos.

"Olha só o meu cabelo! A progressiva do meu cabeleireiro é magnífica. Amanhã vou te levar lá para ele dar um jeito nessa tua juba!"
"Por que você não abre o seu próprio negócio? Foi a melhor coisa que fiz!"
"Este é um ótimo local para se morar. Por que você não compra o apartamento ao lado?"

O único problema dessa história é que o outro também está apegado à sua interessante personalidade e ao que considera ser o melhor para sua vida.

"Obrigadinha! Mas odeio cabelo lambido."
"Prefiro contar com algo certo. Morro de medo de me endividar..."
"Porque me sinto sufocado em apartamento... não dá."

Podemos então concluir que ninguém está disposto a mudar, a abrir mão de seu modo de ser em função de outra pessoa, mesmo que esta seja o marido ou a esposa. E a razão se dá por que nos sentimos ameaçados, agredidos ou desrespeitados em nossa natureza quando agimos de forma contrária a ela.

Evidentemente, algum ajuste na personalidade pode ser feito para agradarmos um ao outro. No entanto, a essência do que somos não dá para modificar. E nem queremos mexer nesse vespeiro. É muito mais cômodo procurar por alguém que consiga viver conosco da maneira que somos.

Enfim, marido e mulher devem buscar outros desafios na vida, algo que seja tão desafiador para ambos quanto a ideia de transformar o cônjuge naquilo que ele não é.

15. Temos tudo, menos interesses em comum

Há dias em que parece que nada do que desejamos fazer vai ao encontro do que o marido ou a esposa deseja fazer.

– Olha que lugar bonito... dá para tomar banho de cachoeira. Vamos até lá neste fim de semana?
– Pense em outra coisa. Não estou muito disposto a ir ao fim do mundo tomar banho de cachoeira...

Numa casa um pouco adiante vamos ouvir o seguinte:

– Que tal fazer um churrasco no quintal, querida?
– Não como carne vermelha, esqueceu?

E dos vizinhos do casal acima podemos ouvir algo assim:

– Estou morrendo de vontade de sair de bicicleta, vamos?
– Pra quê? Para eu levar outro tombo? Ainda tenho marcas de nosso último passeio...

Essas cenas acontecem o tempo todo por aí. Estamos apegados ao mundo que criamos, e ele (se contarmos com nossa capacidade intelectual) é bastante enxuto e restrito. O que está por fora está por fora; não nos sentimos motivados a incorporar novidades.

Chegamos aos 30 anos acreditando que estamos definidos como pessoas, que sabemos exatamente o que queremos ou não, do que gostamos e não gostamos.

De certo modo, temos alguma ideia daquilo que nos faz felizes e daquilo que somos. E estamos vinculados ao mundo que criamos em nosso íntimo. Queremos viver a partir de nossas perspectivas e, no fundo, desejamos que o cônjuge aproxime-se dessa pessoa que somos.

No entanto, quando nos casamos, logo percebemos que estamos convivendo com alguém bem longe de um outro eu do sexo oposto. E o pior: trata-se de uma pessoa que reluta veementemente a ser como desejamos (nas mínimas coisas).

Em vista dessa realidade, o casal deve aprender a abrir espaço para o novo, aprender a participar do mundo um do outro, a se aventurar ali. Essa é a melhor parte de qualquer relacionamento. É muito construtiva para a personalidade de cada um, e bem mais interessante e desafiadora do que tentar moldar o cônjuge à sua revelia.

Há muita coisa no mundo que pode nos chamar a atenção, nos entreter e realmente nos encantar, mas precisamos saber dessas coisas. E nada melhor do que conhecê-las através da pessoa com quem nos casamos. Pense nisso antes de passar a vida dizendo não para o outro.

16. Sou homem! Investir é comigo mesmo!

Antigamente, as questões referentes à administração do lar eram bem definidas. Cabia ao homem trazer dinheiro para casa e decidir a maneira de utilizá-lo. Quanto à mulher, cabia-lhe cuidar das crianças e dos assuntos domésticos. Em outras palavras, o homem não se metia com as panelas e a mulher não dava palpite em seus negócios.

Hoje o mundo está bem diferente, e o casal não conta mais com essa definição de papéis. Homens e mulheres ocupam-se (talvez não igualmente, mas em proporções próximas) em cuidar dos filhos, do gato, da louça, das roupas etc. e em trazer dinheiro para casa e decidir como aplicá-lo. Algo que figura em primeiro plano como uma conquista para as mulheres e como um comportamento imprescindível às exigências da vida moderna.

– Oi, querido! Uma passeata dos sem-teto invadiu a avenida. Vou me atrasar... Você pode dar banho no neném hoje?

Ocorre que, a despeito dessa evolução social, em se tratando de questões financeiras, o marido pode tentar impor o seu domínio à esposa.

– Vou aplicar tudo o que temos em ações da The Black Hole Company of Hong Kong, querida, não tem erro!
– Algo me diz que não é uma boa. Deixa tudo na poupança, tá, amor?
– Já falei com o corretor da bolsa! Não dá para voltar atrás. Confie em mim!

Primeiro, porque os homens se consideram mais experientes em assuntos da área financeira. Desconheço quem não esteja apto a assumir o Banco Central. Em geral são mais velhos que suas esposas (ao menos cinco anos). E a maioria deles se forma em matemática, administração de empresas, engenharia, enquanto as mulheres estão mais centradas na área de humanas. Advém daí a equívoca ideia de que suas esposas não devem entender sobre números e praticam suas transações sem consultá-las devidamente. Para quem deseja ter as rédeas dos negócios, certamente é bastante cômodo pensar assim.

Vale ressaltar que negócios são negócios; podem dar certo e podem dar errado. E existem duas situações a serem observadas.

A primeira é que o negócio pode dar errado quando os cônjuges o realizam de pleno acordo e assumem os riscos. A outra é que pode dar errado quando um dos dois não o aceitou e foi forçado a ceder, ou não estava perfeitamente ciente dos riscos.

Quanto ao primeiro caso, um não poderá culpar o outro pelo fracasso do investimento, uma vez que estavam cientes e de acordo. Já no segundo caso, aquele que foi forçado a ceder se sentirá frustrado com a situação, e certamente magoado e com raiva do cônjuge por ter de suportar uma perda que tentara evitar.

Em vista disso, por uma questão de respeito e bom senso, marido e mulher devem estar cientes dos negócios mútuos e, principalmente, em pleno acordo.

Um alerta às mulheres. Prestem atenção àquilo que assinam. Caso algo dê errado nos negócios feitos pelo marido, *ambos* respondem pelas dívidas contraídas.

17. Discutir a relação? Prefiro doar sangue!

Todas as mulheres sabem (ou estão para descobrir) que nada afugenta mais o homem do que se aproximar dele querendo discutir a relação. Não existe um que não prefira doar sangue a tarde inteira a se submeter a esse tipo de confronto.

– *Sabe, querido, acho que precisamos conversar...*
– *Fui!*

E por que agem assim, jamais iremos descobrir. Talvez seja um pavor antigo, que remonte ao tempo em que suas mães lhes apontavam o dedinho no nariz e ficavam a reclamar insistentemente de suas traquinagens, bagunças, falta de asseio, preguiça etc.

O fato é que *de vez em quando* o casal precisa conversar; acertar os pontos que estão saindo do foco. Os sócios de qualquer empresa também o fazem, pois reconhecem a necessidade de averiguar constantemente suas divergências e administrá-las, para que os negócios continuem a fluir e a prosperar em suas diretrizes.

O casamento figura como uma empresa: os cônjuges precisam expor seus pensamentos e suas queixas um ao outro, e a partir daí administrar seus conflitos para que o relacionamento continue a fluir dentro de suas expectativas.

É difícil? Depende. É particularmente difícil para o homem ou a mulher que não se sinta motivado a lutar de alguma forma para permanecer com o cônjuge. Tudo o que temos de valor em nossas vidas requer nossos cuidados e algum gasto de energia. Não existe nada que possamos deixar sobre a prateleira e esquecer.

No final das contas, trata-se apenas do modo como cada um interpreta os fatos. Marido e mulher querem evitar confusão, não pensam em magoar ou irritar o outro deliberadamente.

Uma dica para as mulheres: não tentem pegar o touro à unha com o conhecido *"Senta aqui, anda! Precisamos conversar"*. É inútil. Ele vai dar um jeito de fugir de sua vista o quanto antes. Procure conversar em momentos de descontração (fora da cama, claro) e utilize o seu tom de voz usual. É importante ter em mente que sempre que nos aproximamos de alguém para resolver um assunto com o tom de voz alterado, o interlocutor já se coloca numa posição defensiva, o que dificulta o entendimento.

E nada de preparar o diálogo como se fosse a mãezinha dele pronta para castigá-lo.

> *"Amanhã, depois do jantar, vamos ter uma conversinha séria, entendeu?"*

A conversa, enfim, deve acontecer para ambos de uma forma tranquila, sem imposições ou acusações. É dessa maneira que tratamos nossas diferenças com as demais pessoas com quem convivemos. Ninguém, em seu juízo perfeito, se aproxima do chefe cheio de razão, falando alto e querendo explicações, pois sabe que, no mínimo, ele o deixará no mesmo cargo pela eternidade. Somos também cuidadosos com nossos amigos e parentes próximos, sempre inclinados a ouvir seus pontos de vista, a ceder e ponderar sobre suas razões. Uma vez que consideramos ter tanto a perder com os outros, certamente temos ainda mais a perder com o cônjuge.

18. Discutir na frente dos outros?

Certos casais passam uma imagem que deixa a desejar em público.

– *Agora,* ***eu*** *estou falando. Dá para ficar quieta?*
– *Fique à vontade. Você só diz besteira mesmo...*

Parecem adorar um bate-boca ou qualquer outra postura que denote a quem estiver por perto que ambos estão juntos apenas para se mortificarem.

Outros casais parecem pessoas desvinculadas. Chegam a qualquer ambiente e se dirigem para lados distintos.

– *Cadê o seu marido?*
– *Não faço ideia... mas se o vir, por favor, diga a ele para experimentar o vinho...*

Há ainda aqueles que, onde quer que estejam, estão sempre lado a lado com uma expressão de poucos amigos. Geralmente o que acontece com esses casais é que o homem ou a mulher não se sente inclinado a acompanhar o outro em suas obrigações sociais, e evidencia a sua insatisfação com um bico amarrado na cara a noite inteira, o que traduz o mau humor do cônjuge. Em razão dessa postura, ninguém se aproxima deles, o que os impede de interagir com os convidados e aproveitar a descontração do ambiente.

Há também aqueles casais grudentos, que estão sempre no pé um do outro.

– *Vou ao banheiro, amor.*
– *Te espero na porta.*

Nesse caso, o excesso de dependência também os impede de interagir satisfatoriamente com as pessoas, pois passam aos outros a imagem de pessoas tímidas ou infantilizadas.

Ademais, em festas ou em qualquer reunião, pessoas do mesmo sexo gostam de se juntar para conversar. Homens adoram estar em rodinhas para tomar cerveja e falar um monte de besteiras, e mulheres adoram falar sobre qualquer coisa. No entanto, para que isso aconteça, o cônjuge não pode estar por perto, pois quebra a intimidade do grupo. Um casal grudento impede que ambos venham a conhecer e se relacionar com outras pessoas.

Quanto à questão da imagem, nada é pior do que a de um casal em que um dos cônjuges figure como uma pessoa ciumenta, tendo em vista que denota ser emocionalmente desequilibrada, agressiva e inclinada a brigas. Quem tem bom senso e medo de participar de algum barraco, de pronto se afasta ou nem se aproxima de ambos.

Esses são apenas alguns exemplos de posturas que muitos casais assumem por imaturidade ou pelas mais variadas razões e que são inadequadas ao convívio social. Existem inúmeras outras situações que prejudicam a imagem dos cônjuges diante das pessoas (vícios, opiniões embasadas em preconceitos, falta de educação, por exemplo) e de tal forma que eles acabam vetados de participar de uma rede de amizades.

Essa não aceitação os coloca numa posição de desprestígio contínuo, o que, de uma maneira ou de outra, acaba afetando a qualidade da vida conjugal, uma vez que temos necessidade de nos sentir aceitos tanto dentro como fora de casa.

Em vista do exposto, é importante que os cônjuges se empenhem em apresentar-se, seja qual for o lugar, como pessoas sãs, equilibradas, educadas, unidas em suas convicções, zelosas, íntegras, como pessoas que se amam e se respeitam como marido e mulher, para que essa imagem os fortaleça como um casal e diante de todos os que os rodeiam.

19. Empurrando o presente pra lá e pra cá...

Quem já não recebeu do cônjuge uma linda caixa de presente, com laços e tudo o mais, e, ao abrir, teve aquela decepção?

– Gostou, amor? Achei que era a sua cara...
– Nem sei o que dizer...

Quando se trata de um presente de pequenas proporções, ainda podemos jogar na gaveta embrulhado ao nosso desapontamento e tentar esquecer esse dia. Entretanto, em se tratando de algo grande, como por exemplo uma bicicleta ergométrica, o que fazer?

– Você não queria emagrecer?
– Sim, mas...
– Esta bicicleta é ótima, sobe aí...

E assim ficamos por meses a fio a empurrar pra lá e pra cá o inoportuno presente. Esta é uma pergunta especificamente dirigida às mulheres: o que falar das roupas que os maridos cismam em nos dar dois números abaixo ou acima do que usamos? Creio que não existe resposta, apenas um longo suspiro de indignação.

Esta é para o casal: o que dizer dos presentes caríssimos e pra lá de inúteis que ganhamos no lugar daquele que realmente desejávamos, bem mais barato e que nos seria muito útil? Sem comentários!

É claro que marido e mulher de vez em quando vão se equivocar em relação aos presentes oferecidos um ao outro. Há muita informação que precisa ser administrada no momento da compra, e podemos levar o número errado, a cor errada, o modelo errado, o carro errado, enfim. Faz parte, ambos terão outras oportunidades para acertar.

No entanto, é preciso que os acertos sejam bem maiores do que os erros. Somos como crianças, ficamos muito frustrados com o cônjuge quando recebemos algo de que não gostamos (por melhores que sejam suas intenções). Damos chance aos outros de errarem conosco, não à pessoa que diz nos amar.

As mulheres enxergam o descuido como falta de romantismo. Quanto às roupas que fogem ao tamanho de seu manequim, que parecem ter sido compradas pela amante do marido, elas consideram um presente dessa natureza uma grosseria.

Nessa delicada situação, homens e mulheres pensam da seguinte maneira: "Como alguém que vive comigo, que está tão próximo, não sabe o que eu quero, nem do que eu gosto?".

Por fim, a pessoa chega à conclusão de que o cônjuge não presta atenção à sua personalidade e às suas necessidades. E não é para menos. Só podemos presentear com acerto a pessoa que conhecemos de verdade, com quem nos relacionamos afetivamente de verdade, do contrário, vamos errar feio, pois vamos presenteá-la a partir de nossas perspectivas. Em outras palavras, vamos comprar um ótimo presente para nós mesmos.

20. Faltou dinheiro outra vez? Por que será?

As dificuldades financeiras pelas quais passamos advêm da má administração do dinheiro. Se olharmos racional e corajosamente para trás, não existe qualquer outra explicação. Podemos culpar Deus e o mundo pelo que for, mas a verdade é uma só: não administramos corretamente o pouco ou o muito de que um dia dispúnhamos.

Existem altos e baixos na vida de qualquer casal. Sem dúvida alguma. Ninguém neste mundo vivencia apenas um contínuo período de prosperidade (nem mesmo Bill Gates o conseguiu). Sempre haverá uma oscilação decorrente de inúmeros fatores. E para que essas oscilações não deixem o barco ou o casamento à deriva, é preciso ocupar-se antecipadamente em relação às medidas cabíveis. Em outras palavras, tanto o período bom quanto o ruim precisam ser criteriosamente administrados.

A tendência é que esbanjemos muito dinheiro em épocas que consideramos seguras. Financiamos isto, aquilo (por que não um carro novo?), quando, na verdade, não nos encontramos numa posição tão satisfatória. Se tudo der certo, teremos algo para o final do mês, e olhe lá. Nem pensamos na reserva do risco.

Outro problema é que comumente optamos por algo aquém dos planos originais; planos que, na ponta do lápis, seriam adequados ao orçamento doméstico. Caímos sem relutar em qualquer conversinha entusiástica de vendedor. Num mundo em que a mídia nos bombardeia insistentemente com a ideia de que precisamos ter para ser, somos facilmente inclinados a nos imaginar no melhor, a ter o melhor, a ostentar o melhor. Como vamos dar conta dessa imagem, é outra história. E nos colocamos, enfim, à mercê da sorte.

As dicas a seguir foram embasadas em orientações de economistas e explicitam melhor o que foi descrito.

Evite as compras por impulso, motivadas por palpites ou pela satisfação do ego. Ponha tudo na ponta do lápis. Adquira apenas o que estiver de acordo com a sua capacidade financeira. Pense em longo prazo e nunca deixe o orçamento doméstico muito apertado, sem qualquer reserva. Só utilize o dinheiro em um projeto muito bem estudado.

Esses cuidados, num todo, são de suma importância para que marido e mulher convivam em plena harmonia. O casal precisa se sentir seguro financeiramente para se relacionar com respeito e amorosamente; essa é a realidade, vinculada ao nosso instinto de sobrevivência.

O amor numa cabana só exerce algum fascínio em filmes românticos. Quando a única coisa que ouvimos diariamente em casa é que não há dinheiro e que tudo vai de mal a pior, não existe amor que perdure. O casamento (a despeito da complexidade que o envolve) é como qualquer empresa: não sobrevive a falências.

21. Só uma pitada de ciúme

O ciúme dá um *up* ao casamento, isso é um fato. Marido e mulher sentem-se valorizados quando o cônjuge demonstra que não gostou nem um pouquinho da aproximação de fulano ou sicrana.

– Quem é aquele bocó com quem você estava conversando?
– O bocó é o meu chefe...
– ...

Ou:

– Aquela mulher do outro lado da sala não para de olhar para você... Vocês se conhecem?
– A gorducha com a bandeja de salgadinhos no colo?
– Não, seu tonto... a magrinha ao lado dela...
– Ah, bom! Não! Nunca a vi.

Essas situações – se eventuais – são positivas para o casal, pois, de certa maneira, reforçam aos cônjuges a ideia de que são (ainda) importantes e atraentes aos olhos um do outro.

Importa acrescentar que, a despeito de suas várias faces, se desmembrarmos o ciúme à sua essência, nós o encontraremos associado às exigências do eu. Temos receio de que o ser amado nos passe para trás. Que nos descarte em razão dos encantos de outro alguém. O alerta não vem do coração, como pensamos. Vem do ego.

– Tá esperando o quê? Tira logo aquela perua do lado dele!
– Coisa chata, não?
– Será bem mais chato quando ele te trocar por ela. Corre lá.

Ou, ainda:

– Por que aquele cara está às gargalhadas com a sua mulher? Dá uma espantada nele!

Essas conversinhas serão constantes em nossas vidas. Ademais, começam quando nem bem ainda falamos. Como iremos lidar com elas é o que importa. Podemos ignorar a mensagem, tratá-la dentro de um novo contexto ou reagir tempestivamente, depende do que estamos inclinados a pensar.

O mundo exige que homens e mulheres se relacionem uns com os outros, não há como fugir disso, faz parte do convívio de qualquer pessoa. A partir daí, se os cônjuges não assumirem uma postura de confiança mútua, a convivência torna-se extenuante, pois os conflitos serão constantes.

Nada é pior para qualquer pessoa do que ter a sua vida vasculhada, de gavetas a e-mails, como por um espião internacional. Ou um pescoço por sobre seus ombros no momento de conversar com alguém. Ou, ainda, passar o tempo todo explicando detidamente por onde andou, o que fez e com quem, a uma pessoa que custa a acreditar em suas palavras. Essa é uma das atitudes mais desrespeitosas dentro de um relacionamento.

O ciúme, enfim, é como qualquer tempero: uma pitadinha é imprescindível e dá aquele sabor a mais ao prato, cai muito bem; mais do que uma pitadinha, estraga.

22. Desligando a campainha

Dizem que, ao nos casarmos, assumimos também um enlace com a família do cônjuge. Eis uma grande verdade. Entre os papéis conjugais, consta lá pela primeira linha que teremos de nos relacionar gentilmente com toda a sorte de parentes de nosso eleito ou eleita: pais, cunhados, sobrinhos, tios, avós, tios-avós, padrinhos, madrinhas, afilhados, filhos do casamento anterior, ex-cônjuges, ex-sogros, e o que mais vier pela frente.

Tudo seria perfeito se não houvesse tanto sentimento em jogo. Ou tantas pessoas com quem lidar ao mesmo tempo. Todas procurando manter ou estabelecer seus laços afetivos.

– Você vem almoçar aqui em casa no domingo, queridinho? Teu pai tá com tanta saudade de você...
– Puxa, mãe! Não vai dar. Já havia prometido almoçar na casa da minha sogra.
– Você não sai mais da casa dela? Ainda por cima tem de comer aquela gororoba que ela faz... Você sabe que precisa cuidar do estômago! Leva o sal de frutas!

A vida a dois geralmente começa com esses probleminhas. Marido e mulher logo descobrem que precisam administrar lado a lado os anseios de duas famílias em relação a eles. E que tudo dependerá do espaço que poderão conceder-lhes individualmente ou como casal. Espaço que se traduz pelo tempo e atenção de que podem dispor para a convivência com os parentes. Corresponde também à maneira como pretendem se relacionar com a própria família e a do cônjuge.

A partir daí é que começam os conflitos, se os cônjuges não contarem com uma campainha quebrada ou um telefone que não funcione.

– Tua mãe vem aqui a esta hora da manhã para nos levar à feira? Ela não sabe que compramos tudo no supermercado?
– Ela quer que compremos frutas mais fresquinhas...
– E eu quero dormir! Nem de fruta eu gosto! Com licença.

Ou:

– Como é que é? Teu irmão quer morar aqui por uns tempos? Tá louco?
– A mulher o expulsou de casa... Sabe como é a jararaca!
– Sei... então ela o expulsa e sobra pra mim?

Certo jogo de cintura pode ajudar nessas situações. A verdade também. As pessoas sentem-se sensibilizadas a nos compreender e a nos ajudar quando simples e corajosamente dizemos a verdade.

– Obrigada pela ajuda. Mas não queremos comprar frutas no sábado de manhã. Queremos dormir. Estamos cansados.
– Infelizmente, não dá para recebê-lo confortavelmente aqui. Eu e minha esposa mal cabemos neste apartamento. Outra pessoa neste ambiente nos tiraria a privacidade. Espero que nos compreenda.

Nesse delicado momento, o casal precisa contar com uma postura firme: *"Não dá! Não é possível. Não queremos! Não temos dinheiro para emprestar! Não queremos participar de tal projeto. Não está em nossos planos"*. Se um dos dois ceder, sempre haverá precedentes para que certas imposições ou intromissões à sua rotina, digamos assim, continuem a ocorrer.

Por fim, vale dizer que a convivência entre homem e mulher sempre foi complicada por natureza. São capazes de se matar estando sozinhos numa ilha deserta. Se ainda permitirem que outras pessoas se interponham entre eles, com suas expectativas e toda a carga emocional que as envolve, a relação certamente ficará ainda mais difícil. Daí a necessidade de se manter a guarda do casulo.

23. Atenção demasiada aos parentes próximos

Em relação aos parentes próximos, não é apenas a permissiva intromissão deles na vida conjugal que prejudica a harmonia do relacionamento. A constante preocupação e demasiada atenção por parte de um dos cônjuges em relação a alguns membros de sua família é algo que também traz sérios prejuízos.

– Minha mãe não conseguiu tirar o assado do forno, amor. Volto daqui a pouquinho...
– Teu pai não pode fazer isso, querido?
– Ela tá brigada com ele...

Evidentemente, temos de zelar pelo bem-estar das pessoas que nos são próximas. Temos de estar presentes em suas vidas, exercendo nossos papéis como filhos, pais, irmãos, amigos... No entanto, é crucial que saibamos equilibrar a atenção oferecida ao núcleo familiar (marido, mulher e filhos) e aos que se encontram na próxima esfera.

Todos são importantes para nós, sem dúvida alguma. E de tal modo que não existe uma balança em nosso íntimo que possa nos dizer a quem devemos dar mais valor.

Porém, existe algo que pode nos apontar quem realmente temos de priorizar em nossas vidas: o bom senso. Os filhos não casados requerem nossa constante atenção. Precisam ser cuidados e conduzidos por duas décadas, aproximadamente. Não podemos esquecê-los por um ano ou dois enquanto nos voltamos exclusivamente para outras pessoas. E assim também ocorre com o cônjuge. É claro que existe mais compreensão por parte dele, menos exigências, mas é um ser humano, e não pode garantir nada além do que lhe é suportável.

A tendência é que nos atrapalhemos um pouco quando existem pessoas doentes na família ou com problemas. Ficamos muito focados e naturalmente nos esquecemos de quem está por perto. Queremos ajudar. Temos receio de vir a perdê-las. E nos atrapalhamos ainda mais quando assumimos um novo casamento. Carregamos – de certa maneira – alguma culpa por não estarmos tão presentes na vida dos filhos do enlace anterior. Em vista disto, nos preocupamos em excesso com eles, a ponto de prejudicar a nova união.

Vale dizer que, enquanto estamos vivendo determinada situação, tudo pode nos levar a crer que estamos agindo corretamente, de acordo com o melhor de nossos princípios. Esse é o momento de não valorizarmos apenas o que pensamos, pois é uma atitude que nos impede de avaliar as necessidades, ouvir e observar os sentimentos das pessoas que estão ao nosso lado.

24. Só falei para te ajudar...

A verdade é a seguinte: não gostamos de críticas, mesmo as consideradas construtivas. O pior é que estamos sujeitos a ouvi-las em tudo quanto é lugar enquanto a humanidade não for assolada por uma doença que a faça emudecer.

Nesse momento, podemos até fazer um ar de *"que bom que você observou tal coisa, o que eu seria sem você?"*, mas no fundo, gostaríamos de linchar aquele que ousa meter o bedelho onde não deve.

Ao contrário do que apregoam por aí, passaríamos muito melhor sem elas. Sem o receio contínuo de não estar agradando ou fazendo o que for da maneira correta aos olhos do mundo, a maioria das pessoas caminharia com mais segurança, criatividade e ousadia. Suas possibilidades de acertos seriam bem maiores, uma vez que não precisariam questionar-se o tempo todo a respeito de seus atos. Tampouco atrasar, avaliar, validar, adequar ou modificar completamente seus objetivos para moldá-los aos conselhos ou às críticas de terceiros.

– Por que você não dá umas pinceladas de azul neste quadro?
– Como? É um dia chuvoso, não está vendo?
– Sei lá, põe um solzinho atrás das nuvens...

– Acho que essa cor de cabelos te envelheceu...

– Tá cheio de gente atuando nessa área. Por que você não escolhe outra coisa?

Não temos o hábito de ouvir integralmente a mensagem que o emissor tenta nos passar. Comunicamo-nos dispersivamente, preenchendo as lacunas da comunicação da maneira como interpretamos o momento. Mal sabemos – de fato – a ideia que o interlocutor está tentando nos transmitir e com qual finalidade. Em vista disto, teríamos de nos resguardar de opinar sobre tudo o que pensamos ter ouvido. Em contrapartida, dar menos importância (ou nenhuma) ao que nos falam.

Em relação aos cônjuges, a história não é diferente. Marido e mulher nem sempre se compreendem, nem sempre agem com empatia, desconhecem ou subestimam a capacidade um do outro e temem mudar alguma coisa. Por tais razões, sentem-se inclinados a criticar as atitudes daquele que ousa sair da linha com o intuito de se preservar.

Esse comportamento, se contínuo na vida do casal, leva os cônjuges a viverem sem cumplicidade, pois qualquer pessoa acaba percebendo que não é possível contar com alguém que só serve para agredi-la (a crítica é interpelada de forma corrosiva pelo espírito), para destruir sua confiança e ainda por cima minguar seus planos.

Não falta espelho na casa de ninguém. Sabemos quem somos e do que precisamos. Contamos ainda com alguma inteligência que nos permite ir do ponto A ao B e ainda sobreviver aos obstáculos. Nem mesmo o cônjuge (a despeito de suas intenções) precisa nos dizer como fazer.

25. Estou com você!

Sexo à parte, talvez seja este um dos fatores que nos motivam realmente a querer viver ou a nos casar com alguém: a cumplicidade que podemos desfrutar com essa pessoa.

– *Um sorvetinho, amor? A esta hora da noite? Adorei!*
– *Faço questão de ir com você ao aeroporto.*
– *Me liga exatamente às sete pra eu me livrar daquele chato!*

O ser humano adora companhia; ele se sente seguro sabendo que há sempre alguém por perto com quem possa contar. Além da questão da segurança, gosta de compartilhar os seus desejos, ideias, sua história de vida, objetivos, aventuras e desventuras.

Ocorre que temos de nos sentir muito próximos de alguém para nos expressar de maneira tão ampla. Com os parentes e amigos podemos ir até certo ponto. Mas, com a pessoa que diz nos amar, podemos chegar bem longe.

Não se trata apenas de disponibilidade, como dito no item 1. *"Vou com você"*. Vai além. Trata-se de apoio. *"Estou com você."*

E nada pode valer mais do que isto: um cúmplice que se sinta feliz em nos acompanhar a uma sorveteria às onze da noite de uma terça-feira chuvosa. Ou gentilmente nos levar até o aeroporto. Ou nos livrar de uma situação difícil.

São essas atitudes por parte do homem e da mulher que os valorizam aos olhos um do outro, que dão alegria ao relacionamento, que apontam as afinidades e fortalecem o entrosamento. Que os ajudam realmente a prosperar.

Por outro lado, a falta desse estímulo na vida em comum desmorona o casamento, principalmente nos momentos considerados críticos.

– Eu disse que não daria certo. Não sei por que você insistiu.
– Você me apoiou totalmente, lembra? Mandou tocar em frente e, agora, a culpa é minha?

O namoro é uma fase de muita cumplicidade. Queremos que o outro nos considere um igual, nada menos do que sua alma gêmea, alguém que vivencia os mesmos pensamentos, as mesmas paixões e interesses.

– Não me diga! Jura? Comigo é a mesma coisa!

– Também detesto essa banda. Não quero ir ao show nem de graça.

– Também vivo com insônia, sabe? Nem sei quando foi a última vez que dormi... Passo as noites vendo TV.

– Sou como você: só bebo socialmente.

Isso tudo faz parte da dança do acasalamento. Criamos lado a lado a imagem que o outro deseja ter de nós e assim o mantemos enroscado na rede.

Queremos agradar, essa é a verdade. E até contorcionismos nos dispomos a fazer se for preciso. Para quem ainda se lembra desse tempo, jamais descartávamos a oportunidade de mostrar à pessoa amada o quanto seríamos imprescindíveis em sua vida. Algo que não pode ter um fim repentino na vida conjugal, tendo em vista que nunca deixamos de querer o apoio da pessoa que se encontra ao nosso lado.

O símbolo do casamento é a aliança. E esta se encontra num lugar visível nas mãos do homem e da mulher para que não se esqueçam da importância de manter a união, e com ela, a cumplicidade.

26. Por que fui dar ouvidos a você?

Em algum momento de suas vidas, marido e mulher terão de lidar com situações difíceis. Faz parte da vida de qualquer pessoa. Não temos como nos projetar no futuro para nos proteger previamente do inesperado.

Com alguma sorte, pode ser que não tenham muitas questões complicadas com que lidar ao longo dos anos, como doenças, desemprego, falências, desfalques etc., mas, certamente, hora e outra se defrontarão com algum problema que – no mínimo – lhes trará algum transtorno em sua rotina.

A maneira como *ambos* se posicionarão a respeito dos fatos é que apontará as chances de se conseguir ou não uma solução. Ambos: marido e mulher. Se apenas um dos cônjuges se dispuser a segurar as pontas de um modo lúcido e sensato, enquanto o outro tem chiliques o dia todo, a situação tende a se resolver precariamente, ou nem chega a um desfecho.

E não é para menos, tendo em vista que qualquer tentativa de diálogo com alguém à beira de um colapso nervoso é impraticável. Essa pessoa tende a se manifestar de forma impaciente e agressiva. E se encontra tão vulnerável e amedrontada com sua iminente desgraça que não consegue raciocinar com clareza e buscar a melhor estratégia de combate (ou ao menos uma ação que minimize o estrago).

Diante de um problema, o que vale primeiro é aceitar a situação. Ficar lutando contra aquilo que não queremos vivenciar só aumenta o desespero e não traz nenhuma solução.

– Por que não percebi que era uma barca furada? Nunca mais confio em ninguém! Nunca mais!

Sentirmo-nos vítimas de uma conspiração cósmica tampouco traz algum resultado.

Por que isto foi acontecer comigo, oh, Deus? O que foi que eu fiz em outra vida?

Lançar torpedos de culpas para todos os lados, a ponto de muitos recaírem sobre o cônjuge, também não ajuda em nada. Só torna a convivência intolerável.

– Por que fui dar ouvidos a você?

Como já dito, o casamento precisa ser administrado como uma empresa. Em momentos de crise, a diretoria se reúne em busca de alternativas imediatas que solucionem o caos e restabeleçam o equilíbrio financeiro. Nesse momento, todos ali sabem que não adianta chorar sobre o leite derramado ou matar aquele que parece ter sido o causador do problema. Assim, o casal precisa agir de igual maneira. Deve se unir, pensar conjuntamente e se aliar em busca de ações inteligentes que o levem a se desvencilhar do problema que o aflige.

A única diferença entre um casal que consegue passar por situações complicadas sem se destruir, e ainda por cima prosperar e viver em harmonia, daquele que não consegue encontra-se neste quesito: sua capacidade de se unir nos momentos difíceis. Não se trata de sorte, como muitos pensam; trata-se de atitude.

27. Mais atenção, interesse e besteirinhas sussurradas ao telefone

O namoro é uma fase bastante complexa para qualquer casal. É um período em que o homem e a mulher procuram se avaliar para descobrir suas diferenças e compatibilidades.

Enquanto essa avaliação acena de maneira positiva *("Ele é bem carinhoso, dedicado e esforçado", "Acho que sempre vou gostar de transar com ela")*, ambos se esmeram para manter o outro interessado, pois reconhecem que existe a possibilidade de perder a pessoa se não a agradar.

Para tanto, somos um poço de dedicação ao nosso pretendente nesse percurso do flerte ao altar.

– Deixe que eu levo os livros pra você.

– Fique com o meu casaco, não vou usá-lo.

– Hoje eu trouxe aquele bolo de cenoura que você adora!

Queremos estar a par da vida desse alguém que vira e mexe nos tira o sono. Queremos saber em minúcias de onde vem a sua dor de cabeça.

– O que você está pensando, querida?
– Nada importante. Deixa pra lá.
– É melhor você me contar logo! Não gosto de te ver com essa expressão preocupada!

Esta atenção é o que mantém o vínculo do casal. É o que sinaliza as pretensões de um para com o outro. É o que o faz perceber se os seus sentimentos são reais e recíprocos.

Algo necessariamente vinculado a empatia. Só podemos oferecer com acerto nossa atenção a alguém se soubermos decifrar seus sentimentos.

Tudo se resume, enfim, em proximidade e no interesse que nutrimos pelo outro. Algo que se faz necessário enquanto estamos nos conquistando.

O casamento une duas pessoas sob o mesmo teto. No entanto, em razão das atribulações geradas por essa convivência (maior dedicação à carreira, infinitas contas, novos parentes, muitas festas de casamento, financiamentos, filhos etc.), marido e mulher acabam perdendo o foco que dispensavam um ao outro. E passam a se relacionar sem qualquer empatia.

– Amor, você viu minha cartelinha de aspirina? Estou com uma dor de cabeça!
– Não, não vi. Você pode aumentar o volume da TV um pouquinho? Não estou ouvindo nada!

– Prepare-se, querido! Amanhã, o Pedrinho e a Laura passarão o dia aqui.
– Eu não te falei que precisaria trabalhar o dia todo? Tenho que entregar a maquete pronta na segunda de manhã. Como vou me concentrar com eles bagunçando pela casa?

A tendência é que comecemos a tratar o outro com a mesma displicência. A partir de então, as brigas começam e os cônjuges tendem a se entender cada vez menos. Com o tempo, só encontram uma única saída: a separação.

O amor pode garantir alguma estabilidade para qualquer relacionamento. Porém, o que realmente mantém duas pessoas unidas é a empatia, traduzida pela contínua atenção oferecida um ao outro.

Pode parecer difícil e desgastante agir tão zelosamente com alguém que está ali ao nosso lado. Mas é exatamente isto que procuramos dar e receber quando investimos em outro relacionamento: atenção, interesse, companhia, besteirinhas sussurradas ao telefone, conversas pelas noites afora...

Enfim, é algo que temos energia de sobra para dar em qualquer tempo se assim o quisermos.

28. De caso com o Grilo Falante

– Posso ser bem sincero com você?

Quem não sente um arrepio na espinha toda vez que ouve essa frase? É aquele momento em que todo mundo gostaria de responder o seguinte: *"Não!"*.

Essa prestimosa dica, vinda de quem quer que seja, nos deixa – no mínimo – encafifados.

– Você acha que este vestido não combina comigo? Mas a festa é daqui a pouco. Oh, meu Deus! O que eu faço agora?

– É mesmo? Puxa! Não sabia que a minha empresa estava com um conceito tão ruim assim no mercado...

– Sério? O meu chefe parece não ir muito com a minha cara?

Pode nos parecer que vamos ascender ao paraíso quando nos dispomos a ajudar os outros com uma observação sincera. Mas só estamos lhes dando uma sacudida de insegurança. Nada que os ajude em alguma coisa.

É claro que nem sempre perdemos o dia em razão de uma colocação adequada ou inadequada de alguém. Relevamos muita coisa. Por vezes, temos ainda a sorte de receber de quem menos esperamos um toque valioso. Algo que realmente cai bem.

Em relação ao cônjuge, porém, nem sempre conseguimos digerir ou relevar tão facilmente um sincero comentário de sua parte. Podemos até fazer o possível para acreditar que suas intenções eram as melhores. No entanto, ficamos com a sua frasezinha martelando na cabeça.

– Sinceramente falando... acho que você não deveria ter interrompido aquele curso. Hoje estaria mais bem colocado.

Partindo do exemplo acima, dá para perceber que o excesso de sinceridade por parte da esposa em relação ao marido o deixou fragilizado aos seus olhos. E ninguém gosta de se sentir dessa forma. Seja diante de quem for, queremos sempre figurar com equilíbrio. E sentimo-nos hostilizados por quem nos deixa com a imagem abalada.

Em relação à mensagem acima, o que o marido em questão entende é o seguinte: *"Ela me acha um idiota!"*.

É claro que de vez em quando vamos realmente precisar dizer um ao outro o que pensamos sobre certos aspectos de sua vida. Faz parte da comunicação de qualquer relacionamento. No entanto, temos de ter certo cuidado com as observações que fazemos ao cônjuge tanto quanto com o momento vivenciado por ele. Ninguém além da própria pessoa pode saber o que é melhor para si. Esse papo de que quem está de fora vê tudo melhor não tem nenhum fundamento.

Ao contrário do que tanto apregoam por aí, essa atitude não gera proximidade, gera distanciamento, pois ficamos muito vulneráveis a quem está nos apontando algo que não queremos ver ou com que não soubemos lidar com desenvoltura.

Ninguém se casa imaginando que levará para casa o Grilo Falante. Nada menos do que um chatinho que continuamente estará ao pé do seu ouvido lhe apontando os erros e torturando você com sua sinceridade. Queremos viver um relacionamento com leveza, autonomia, sentindo que entre os erros e acertos estamos fazendo o melhor.

Enfim, o casal precisa se resguardar de falar um ao outro tudo o que pensa. Acima de tudo, evitar tocar em campos minados, aquele ponto em que se encontram as suas deficiências. Podemos tolerar as verdades de um psicólogo ou um terapeuta, não da esposa ou do marido.

29. Um pouquinho de mistério sempre cai bem

Como dito no item anterior, marido e mulher precisam ter certos cuidados com o que dizem um ao outro, pois tanto a exposição de pensamentos quanto de sentimentos não necessariamente garante proximidade ao casal.

Nesse contexto, estão inseridas as críticas, as sinceras observações e as confidências.

Nem sempre estamos preparados para ouvir o que não queremos ou algo de foro íntimo. E, em razão de nossa notória inabilidade em ouvir o próximo, podemos interpretar o que está sendo dito de modo distinto ao esperado pelo interlocutor.

– Não, não é isso que estou dizendo, querida. Não! Não sou gay! Juro! Só acho que se fosse eu viveria numa boa, entende? Eu assumiria minha opção sem constrangimentos perante todos.

Todos nós gostaríamos de ter com o cônjuge uma intimidade desmedida. Seria ótimo poder lhe falar tudo o que nos desse na telha; contar, tim-tim por tim-tim, tudo o que se passa em nossos pensamentos. Do último sonho realmente erótico – em que nossa mente insere qualquer pessoa que não seja aquela com a qual nos casamos – à nossa vontade de ficar um ano inteirinho ao deus-dará em um país escolhido ao acaso. Mas não dá. Temos uma imagem a zelar perante o outro. E podemos ainda ser mal interpretados, como no exemplo anterior.

Diferentemente do que muitos pensam, ao abrir o pacote por inteiro, mostrar em detalhes os sonhos interrompidos, fracassos, loucuras, receios, paranoias e fraquezas, marido e mulher se desfiguram aos olhos um do outro. A imagem que os atraiu para o enlace pode simplesmente se desmoronar.

Um pouquinho de mistério sempre cai bem por parte de ambos. Homens e mulheres gostam de desvendar ou perceber a natureza um do outro aos poucos. Essa avaliação é feita dentro de um contexto que os valoriza.

Ademais, estamos sempre nos modificando e nos acertando interiormente. Em vista disso, podemos nos expor de forma inadequada. Sonhos eróticos com o vizinho, com a amiga da esposa, devem ser guardados a sete chaves. Ninguém está preparado para ouvir essas coisas. Desejos tresloucados e aquela vontadezinha de se matar às terças-feiras de manhã, idem. São questões que nós mesmos temos de compreender e resolver.

> *– Sabe, querido, toda noite sonho com um homem que não conheço. Ele chega e me dá aquela agarrada. E o pior é que eu gosto!*

Nesse momento, a melhor opção é falar com um amigo, amiga, um pai de santo, fazer uma oração ao anjo da guarda ou, ainda, conversar com um terapeuta se a coisa realmente estiver querendo tomar vida.

É importante que procuremos lidar com nossos sentimentos, independentemente de quão insólitos os consideremos. Descobrir suas causas. Interpretá-los. Faz bem à saúde, à mente e ao espírito. A única exigência é que o façamos da maneira certa.

30. Filho é uma bênção, mas sem planejar...

Ninguém discorda de que a chegada de um filho representa uma bênção para o casal. Sim, é uma bênção. Porém, como qualquer novidade que recebemos em nossas vidas, seja um pedido de casamento, um convite para exercer um novo cargo ou se unir a uma sociedade, a oportunidade de realizar um curso no exterior, trabalhar em outra cidade etc., temos de estar preparados para recebê-la. Devemos estar cientes dos resultados.

Não só preparados e cientes das consequências dessa opção como vivenciando o momento certo. Trata-se de ter a vontade e o potencial para assumir o que vier pela frente e nenhum impedimento para exercê-lo.

Em relação a um bebê, a história é a mesma. Marido e mulher precisam estar lado a lado motivados com a ideia. Devem se considerar seguros para assumir os papéis de pai e mãe. O momento deve ser satisfatório para os dois, para que o compartilhem com muita satisfação e dedicação. Um casal em crise dos três anos, dos cinco, oito, nove... não se encontra no melhor momento para ser abençoado.

– Estou indo embora amanhã. Não aguento mais suas cobranças.

– Não estou nem aí! Mas deixa o dinheiro para o leite! Seu filho vai precisar!

Tampouco quando o período é de muita frustração e ansiedade em razão de desemprego, doenças ou dificuldades financeiras.

– Tenho uma novidade para você...

– Ganhamos na loto?

Ou conturbado por excesso de atribulações.

– Querido! Vamos ter um bebê!

– Que bom! Será que dá para o neném nascer num domingo? De manhã, claro! De tarde tenho de trabalhar.

Enfim, a vida emocional, profissional e financeira do casal precisa estar organizada para que o bebê não a transforme num caos ainda maior.

Um filho é um filho. Representa um vínculo eterno entre marido e mulher. Em vista disso, ambos precisam cuidar do planejamento familiar do mesmo modo que administram suas aquisições. Ninguém compra uma casa do dia pra noite. Fazemos muitas conjecturas antes de nos aventurarmos em qualquer compra.

E os filhos, como o maior bem que podemos ter, também precisam de nossa atenção para que venham ao mundo no momento em que possamos lhes oferecer segurança, amor, dedicação e um lar harmonioso.

Só assim podemos desfrutar com alegria da bênção que recebemos. Do contrário, transforma-se apenas em um estopim para os pais se separarem.

Um alerta. Muitos casais, por medo de enfrentarem o fim do casamento, optam por ter mais um filho no momento em que poderiam se separar e seguir com suas vidas. Nem sempre é algo consciente por parte de ambos. No fundo, imaginam que essa criança lhes trará a união perdida. É evidente que um filho não pode resolver algo dessa natureza. E com mais esse vínculo em suas vidas, o casal terá ainda mais dificuldades para resolver sua questão.

31. No meio de tudo, o casamento

A vida moderna nos impõe uma série de incumbências de que necessariamente precisamos dar conta no dia a dia. Questões referentes ao trabalho, à organização da vida doméstica, aos filhos, à família etc., e por vezes outras situações que fogem à rotina.

No meio disso tudo há o casamento. Nada menos do que a união de duas pessoas que se relacionam almejando o topo na vida uma da outra.

– O meu amor por você é do tamanho do universo...
– Só?

Assim, marido e mulher logo aprendem a utilizar essa aspiração do cônjuge, digamos assim, a seu favor, como desculpa para tudo.

– Faço ginástica pra ficar sarado e bonitão pra você, amor! Não ligo pras menininhas da academia.

– Fica aí, tá? Vou até à casa da minha mãe buscar aquele bolinho de que você gosta!

– Farei umas comprinhas com minhas amigas no sábado de manhã, querido! Depois vou passar a tarde inteira no cabeleireiro. À noite, quero estar linda para você...

Homens e mulheres eventualmente sentem necessidade de sair do foco um do outro, para dar um descanso à mente. Qualquer interação contínua exige de nós um grande exercício mental. No entanto, entre os assuntos do dia e as permissivas escapadas sobra-lhes muito pouco tempo para se relacionarem.

Se ainda desprezarem esse período tão curto e o utilizarem para uma atividade qualquer individual (prática diária de algum esporte, horas extras, saídas com os amigos, cursos inúteis, estranhos *hobbies*, *happy hour* etc.), certamente deixarão de conviver.

– Me inscrevi num curso de sânscrito, querida. Terças e quintas à noite. Será bom para o meu currículo.

Enfim, o cônjuge não pode constar apenas no final da lista de atribuições do dia (se houver tempo, após o passeio com o Totó).

A partir daí, não há para o casal qualquer sentido em viver sob o mesmo teto, apenas para dividir problemas e contas no final do mês. Essa não é a proposta vinculada ao casamento.

As pessoas se casam esperando receber atenção e amor. O que significa companhia, dispor de algum tempo para estar presente na vida de alguém. Nada muito complicado se nos sentirmos realmente afeiçoados e motivados a voltar para casa após um dia de trabalho.

Uma orientação. Quem precisa se envolver em mil e uma atividades para levar uma vida de solteiro, deve simples e corajosamente optar por ela em vez de se valer de pretextos para fugir do cônjuge.

32. Quando a opinião do outro é irrelevante

Como dito no item anterior, entre os inúmeros motivos que levam o casal a se distanciar, a perder o interesse pela convivência, consta lá no comecinho da lista a opção de um dos dois ou ambos por uma vida atribulada. Partindo daí, o que também contribui bastante para promover o afastamento é o desprezo pelas negociações inerentes à vida em comum.

– Querido! Vou aceitar aquele trabalho lá em Manaus...
– Mas você não ia se mudar para o Sul comigo?

– Semana que vem podemos dar uma olhada naquele apartamento de que gostamos. É a última unidade! Temos de fazer uma oferta!
– Acho melhor esperarmos um pouco, querida... estou pensando em trocar de carro, sei lá, investir em outras coisas.

O que é possível perceber por esses exemplos é que faltou o essencial para a conclusão do diálogo: negociação. O homem e a mulher agem tendo em foco os seus objetivos. O pano de fundo da mensagem é a seguinte: *"Vou fazer tal coisa e ponto final"*. Não houve sequer um ensaio de conversa visando evitar a contrariedade do cônjuge.

– Sei que isto é importante pra você, mas...

Evidentemente, em se tratando de ideias, planos relacionados à vida profissional ou vinculados a aquisições de bens, marido e mulher podem vir a pensar de modo distinto. O problema não se resume a essa divergência de opiniões, digamos assim. Em algum momento, todos os casais passam por isso.

O problema se resume à falta de iniciativa para lidar com a situação de conflito. Ao descaso dado aos planos ou aos desejos de alguém.

Qualquer um de nós se transforma num poço de expectativas quando resolve realizar alguma coisa. E quanto maior o sonho, maior o tombo no momento em que o cônjuge simplesmente o ignora. Sentimo-nos muito frustrados com essa atitude. E desrespeitados.

As coisas não funcionavam assim antes de chegarmos ao altar. Tudo podia ser negociado. Nada era ignorado ou deixado para trás.

– Passear com o Lulu a essa hora ? Acho que está muito tarde. E se fôssemos ao parque com ele amanhã bem cedo?

Ocorre que, após o casamento, as negociações giram em torno de assuntos mais complexos. Assim, o homem, a mulher ou ambos tendem a acreditar que uma conversa franca não lhes trará nada além de brigas.

Pode-nos parecer cômodo pensar desse modo, mas não existe conflito que simplesmente desapareça com um sopro apenas porque fingimos não perceber a sua existência. Devemos tentar o entendimento. E se não houver, temos de colocar ao menos as cartas na mesa. Deixar tudo às claras.

Somos adultos. Estamos capacitados para concluir que alguém terá de esperar, ceder, ficar com o pedaço menor do bolo. Não há problema algum nisso. O marido ou a esposa pode suportar alguma frustração, desde que perceba que seus objetivos foram avaliados com alguma consideração pelo cônjuge.

Vale frisar que uma situação, quando mal resolvida, fica pairando em suspenso sobre o casal, densa, agressiva e nervosa, retendo discórdias e estimulando novos conflitos.

33. Falando línguas distintas

Trata-se de um fato. Para o casamento dar certo, os planos de vida do casal precisam estar vinculados desde o início. Frisa-se: *vinculados*. O marido e a esposa não necessariamente precisam compartilhar na íntegra os mesmos objetivos.

Um casal com profissões distintas, por exemplo. Cada qual iniciando um curso de extensão em sua área de atuação. Pode parecer que estão cuidando apenas de si, mas os seus planos de vida estão vinculados. No período em questão, ambos pensam em se aprimorar tecnicamente e almejam uma situação de maior segurança financeira no futuro. Seus objetivos a curto e a longo prazo são os mesmos.

São esses objetivos em comum, ou mesmo próximos, que mantêm a sintonia e a vivacidade do relacionamento. Que mantêm o amor em dia.

Do contrário, quando os planos de vida do casal começam a se mostrar muito distintos, a tendência é que o homem e a mulher acabem se irritando e perdendo o interesse um pelo outro.

– Vamos aproveitar o dinheirinho que entrou e fazer a reforma que precisamos? Ampliar a cozinha, arrumar o telhado da garagem, trocar o piso da sala...
– Acho que por enquanto vou deixar tudo na poupança!

Em suma, deixam de falar a mesma língua, a língua daquilo que os faz feliz; daquilo que os interessa. Invariavelmente, acabam em conflito e se distanciam.

Advém daí a necessidade de o casal administrar os planos individuais de maneira a convergirem – que seja ali pelo meio da jornada, não importa.

– Vou deixar o dinheiro render um pouco. E daqui uns três meses começamos a reforma com mais fôlego.

Ou:

– A reforma pode esperar um pouquinho. Que tal usarmos o dinheiro para um cruzeiro?

Dessa forma, os cônjuges não se perdem no amanhã. E podem se visualizar lado a lado num futuro próximo ou mesmo distante.

É algo que notoriamente favorece a prosperidade do casal, tendo em vista que suas ideias são respeitadas e existe um acordo em relação aos planos propostos.

O casamento visa o enriquecimento de duas pessoas, construído a partir do apoio que prometeram dar uma à outra. Ninguém se casa para se meter em encrencas, se atolar em dívidas e empobrecer ao lado de alguém.

Vale acrescentar que os cônjuges que não conseguem atrelar seus planos estão fadados ao insucesso. O casamento precisa de diretrizes. Se nada pode ser definido por nenhuma das partes, se o *não* é a única palavrinha que se ouve de um ou de outro, terão muita sorte se conseguirem adquirir um apartamento de 50 metros quadrados no fim do mundo financiado em vinte anos.

34. Chegam os filhos e lá se vão os programas a dois

A maior parte dos casais reconhece que no momento em que se decide sair para passear com os filhos, o status de marido e mulher fica em segundo plano. Aquela história de *"Aonde vamos, amor?"* passa para *"Cadê o tênis desse menino? E o presente? Pegou o endereço? Anda! A festa vai acabar daqui a pouco!"*.

Os cônjuges saem prontos para a luta, como pai e mãe, tendo em foco a segurança e o bem-estar da prole.

– Para de jogar água no moço, Pedrinho.

– Teu filho vai se arrebentar no escorregador. Corre lá!

– Pode ir almoçar! Eu tomo conta das crianças!

– Vixe! O neném vomitou em tudo aqui! Cadê o paninho de boca?

– Vocês vão descer do carro agora se não pararem de brigar!

Essas situações podem até parecer divertidas, mas exigem muito do casal. Por anos a fio. Ressalte-se que a cada fase inerente ao crescimento dos filhos, os pais precisam se readaptar às novas exigências. Não é nada fácil.

– Ela vai ou não à excursão da escola?
– Não sei... E se você seguir o ônibus?

– Para o carro bem longe da porta, pai. Não quero pagar mico!

– Faz horas que ele se trancou no quarto com a namorada. Vai lá!

A história não para por aí. Todo casal percebe que, à medida que os filhos crescem, uma membrana oculta parece também crescer nos ouvidos deles. E de tal maneira que antes mesmo de chegarem à adolescência já se encontram completamente surdos às vozes de seus pais. O mais interessante é que a tal membrana se mostra bastante permeável às vozes dos amigos mais encrenqueiros. De quebra, temos as corridas malucas rumo ao pronto-socorro.

Se pensarmos bem, é muita atribulação emocional para uma só vida. Partindo daí, é imprescindível que os cônjuges se desapeguem sempre que possível dos papéis de pai e mãe e procurem se comportar como um homem e uma mulher, como duas pessoas que se sentem atraídas e se consideram afeiçoadas.

Essa atitude traz um novo frescor ao relacionamento, pois resgata a descontração e a leveza do início.

A proposta é que saiam para passear sozinhos. Que busquem um lugar gostoso para conversar; saber das coisas que andam pensando em fazer. Ouvir com calma as besteiras que um sempre tem a contar para o outro. Enfim, voltar a namorar.

Que seja uma vez por semana, uma vez por mês, uma vez a cada três meses, não importa. O que vale é o cuidado em fazer com que essas saídas aconteçam.

Vale dizer que o casal que procura enaltecer esse lado do convívio se relaciona com maior alegria, afinidade e interesse sexual e, por sua vez, vivencia menos situações de conflitos com os filhos.

35. Um círculo de amigos para animar

Comentários mais usuais entre casais de amigos:

– Esquece as rodas do carro, cara! As mulheres raspam em tudo quanto é lugar mesmo!

– Ele fica meia hora com a porta da geladeira aberta e não encontra a garrafa d'água na primeira prateleira...
– Mas a cerveja ele encontra em qualquer lugar, né?

– Sem problemas...

– Minha mulher está na TPM desde que se casou. E a sua?
– Desde que me conheceu...

Essas conversas entre casais são muito divertidas. E por vezes até bem instrutivas. Ocorre que em rodinha de casais amigos, vira e mexe o assunto em pauta acaba sendo a convivência conjugal, ou melhor, as situações geradoras de conflitos. *"Minha mulher fez isso, pode? Meu marido fez aquilo. Outro dia brigamos porque ele queria... Nem vem!, você que queria"*, e por aí vai.

Tais situações comumente são reveladas com um toque de ironia e leveza, pois a ideia é divertir o grupo. Assim, passam a ser vistas de um modo menos dramático pelos cônjuges que as vivenciam.

Esse ato de compartilhar pequenos problemas, digamos assim, também auxilia o casal a compreender algumas atitudes suas. Atitudes que, uma vez desvendadas com tanta naturalidade, deixam de ser aquele algo que traz incômodo para o dia a dia.

– A Mara fica meia hora ao telefone com a mãe todo dia... Dá para acreditar?
– Meu amigo! Não adianta esquentar a cabeça... Mulher é assim mesmo: um grude com a mãe.

– O seu marido também te devolve o carro sem gasolina? Puxa! Pensei que só o meu era tão folgado...
– Que nada! Homem é tudo igual... só muda o endereço...

Em suma, é realmente importante que os cônjuges procurem conviver com outros casais. Essa é uma maneira de observar o próprio relacionamento e aprender sobre ele. Além do mais, ter amigos promove bem-estar aos cônjuges. Os casais gostam de contar suas histórias uns aos outros. Dizer como se conheceram, como se conquistaram, lembrar detalhes sobre a festa do casamento, essas coisas bobas. Essa nostalgia os aproxima.

Sentimo-nos também bastante joviais em contato com os amigos, pois assumimos uma postura descontraída. Rimos, falamos o que pensamos, trocamos experiências de vida. E o melhor de tudo é que saímos da rotina ao inventar passeios diversos, jantares, *fondues*.

De quebra, temos alguém além do cônjuge e parentes próximos para conversar.

Enfim, desfrutar de um círculo de amigos é uma atitude saudável e deve fazer parte da vida do casal.

36. Quando há divergências na educação dos filhos

– Querida! Deixa o menino viajar com os amigos. Você o prende demais!
– Já disse que ele não tem maturidade. Espera crescer mais um pouco!

– Não quero que nossa filha se esgote com tantas atividades. Ela precisa de um tempo pra brincar também.
– Que nada! Ela tem energia de sobra. Não terá problemas!

Como é possível observar, essas divergências em relação aos cuidados e à educação dos filhos trazem uma série de conflitos para o casal. E não é para menos, uma vez que envolve a opinião de duas pessoas de sexo, idade, temperamento e histórias de vida diferentes sobre uma questão de extrema importância para ambos.

Homens e mulheres possuem naturezas distintas. É natural que pensem em educar os filhos de maneira diferenciada, a partir de suas expectativas. Em síntese, as mães são protetoras e desejam manter os filhos debaixo da asa, enquanto os pais são arrojados e os querem voando pelo mundo afora. Realmente não é nada fácil lidar com as questões que envolvem o momento de soltar e proteger, pois cada cônjuge tende a defender o seu ponto de vista a ferro e fogo.

Ressalte-se que as divergências em relação à segurança e ao bem-estar dos filhos não se resumem a isso, evidentemente. Sempre existirão inúmeras outras questões inerentes ao crescimento deles: a escolha da escola, as diretrizes de comportamento, os hábitos de estudo etc. Torna-se, porém, imprescindível que o casal se esforce para encontrar uma alternativa, ali pelo meio-termo, ao menos. Isso porque na falta de uma linguagem única dos pais, os filhos logo percebem a fragilidade do elo e botam para quebrar. Desse modo, os conflitos em razão do ideal de educação tornam-se um problema maior para o casal, uma vez que trarão consequências negativas a toda a família.

Vale dizer que hoje em dia existem muitos profissionais capacitados a orientar os pais sobre questões relacionadas à educação. Esse talvez seja o melhor caminho para que marido e mulher se entendam e ofereçam realmente o melhor para seus filhos: respeito e um lar que todos possam desfrutar em harmonia.

37. Felizes, apesar de tudo

Após o casamento, é natural que fiquemos mais exigentes em relação aos objetivos que delineamos. Temos uma família para dar conta, pessoas que dependem do resultado de nossas conquistas.

– Conseguiu fechar o negócio, querido?
– Sim! Agora dá para matricular o Joãozinho naquela escola de que gostamos.

– Sinto dizer, amor, mas o banco ainda não liberou o valor para a compra do apartamento...

Evidentemente, ficamos muito ansiosos quando estamos nos mexendo para conquistar o que desejamos. Criamos muitas expectativas em torno do evento, esperando que os ventos soprem a favor, que todos nos digam prontamente sim e as portas se abram num pequeno gesto. O fato é que a energia consumida por uma única pessoa em função da espera poderia facilmente iluminar uma cidade.

É compreensível que fiquemos nesse estado de euforia: ora alegres, ora com insônia, ora com um certo abatimento, ora com uma fome voraz, ora sem qualquer apetite, enfim, à mercê dos pensamentos oriundos dos acontecimentos do dia.

No entanto, temos de nos administrar emocionalmente nessa fase. Não podemos ir definhando e enlouquecendo até que sejamos contemplados com o que desejamos, tendo em vista que o sonho tão almejado pode chegar num prazo aceitável ou não. E o pior: pode nunca se concretizar.

A felicidade deve estar presente em nosso dia a dia, apesar de tudo. Apesar de o negócio estar empacado, de o financiamento não ter saído, de a sogra não parecer motivada a ir para a casa do outro filho, de o resultado do exame não ser o esperado, de o chefe não dar sinais de aprovação ao projeto, enfim.

Em qualquer momento de suas vidas – acima de tudo, aquele em que esperam avidamente por algo –, marido e mulher devem vivê-lo como pessoas sãs. Agir realmente com equilíbrio. Viver o momento de expectativa com amor e tranquilidade, como se tudo já estivesse resolvido. Sair, passear, fazer outros planos, encontrar os amigos, dar atenção aos filhos. Afinal de contas, estão juntos nessa jornada e podem transformá-la em algo divertido.

De que adianta chegarem a conquistar o que desejam se já estiverem esgotados a ponto de se matar, ou separados, divorciados?

Enfim, a vida é curta demais para os cônjuges a desfrutarem apenas quando considerarem estar num bom momento. Todos os momentos podem ser bons se não os desperdiçarem com atitudes equivocadas.

Para concluir, os especialistas em economia recomendam que o casal nunca fique focado num único objetivo. É sempre bom que disperse sua atenção com outros planos, ainda que de menor importância. O entendimento é de que as pessoas se sentem mais confiantes e menos estressadas com o andamento dos resultados ao assumirem essa atitude.

38. Em alto e bom som: as brigas titânicas

Creio que nenhum relacionamento sobrevive a brigas titânicas. Explica-se: discussões ofensivas entre marido e mulher, em alto e bom som, daquelas que os vizinhos ficam à espreita por trás das cortinas, tremendo de medo, esperando o momento de chamar a polícia. Ou ainda: brigas entre inimigos milenares sanguinários, enlouquecidos pela ira, ávidos por massacrar um ao outro.

O casamento, infelizmente, pode transformar dois românticos e inofensivos pombinhos que cabiam em qualquer cantinho em seres acéfalos e descomunais, em disputa feroz pela liderança e pelo território.

Ocorre que existe muita emoção em jogo no momento de uma briga conjugal. Estamos ali brigando com a única pessoa deste mundo que não deveria nos magoar de uma maneira tão desoladora. Em vista disso, as emoções são muito fortes, confusas, contraditórias, acrescidas pelo medo da hostilidade e pelo receio de não nos defendermos. Nesse momento, os cônjuges também são inundados por emoções oriundas de situações mal resolvidas de outras épocas.

Enfim, nessa enevoada e difícil situação, nada é o que realmente parece ser.

Não se trata de se querer chegar a um consenso (ainda que aos gritos) em relação ao tema em discussão. Em brigas dessa magnitude, não é isso que importa. Nenhum dos cônjuges sabe ao certo o porquê de estar ali discutindo, o que, de fato, iniciou a questão. O que realmente sabem é que precisam se destruir, acabar com a pessoa que está ali à sua frente proferindo ofensas e coisas desconexas.

Trata-se, enfim, de se querer estipular pelo terrorismo qual dos dois irá prevalecer. Quem é o mais forte. Quem se dispõe a jogar tudo no lixo em prol do status que defende. Incluindo aí no lixo o amor e o respeito pelo cônjuge.

Ao chegar a esse ponto, retornar à relação torna-se muito difícil para ambos. Principalmente para a mulher, que, por natureza, é mais sensível e romântica do que o homem.

Além disso, como já dito anteriormente, numa briga conjugal, a violência recebida pela mulher é maior do que a recebida pelo homem. A mulher tende também a ser bem menos ofensiva em relação ao seu oponente do que o homem. Em vista disso, o marido pode se recuperar de uma briga de proporções épicas, e a esposa não.

Enfim, os cônjuges precisam realmente cuidar para que essas brigas titânicas não aconteçam, pois acaba se tornando algo desastroso com o qual nenhum dos dois sabe lidar.

Alguém deve jogar a toalha e sair da área de conflito, deixar que os egos inflados se acalmem. E, acima de tudo, esperar que as fagulhas se apaguem antes de retomar qualquer diálogo. O casal deve se relacionar em qualquer tempo de maneira sadia, primar por não virar uma atração para os vizinhos.

Parte 2

O que acaba com o tesão no casamento

1. TV no quarto

– Eles não devem ter televisão em casa...

Essa frase sempre nos vem à mente quando nos deparamos com um casal rodeado de filhos. O comentário pode soar engraçado, pouco provável, mas trata-se de algo verdadeiro. O casal que troca sexo por TV deixa de aproveitar os períodos de fertilidade, o que por sua vez dificulta a possibilidade de conceber um filho.

A mulher dispõe de um período muito curto no mês para engravidar, e o óvulo depende de uma série de fatores para ser fecundado. Se não for aproveitado no dia certo, a concepção precisa aguardar até o próximo mês. Nesse sentido, a televisão realmente atrapalha a vida sexual do casal, pois consome o tempo que poderia ser usado para a prática. E dispor de tempo, além da vontade, é claro, é tudo que o casal precisa para se relacionar sexualmente bem. Não é algo em que marido e mulher possam se empenhar com alguma qualidade em apenas cinco minutos antes de dormir.

A televisão disposta em algum ponto central da casa é bastante nociva, pois atrai com seus programas diversos ora o homem, ora a mulher. Como geralmente não os compartilham, no final da noite o marido ou a esposa acabam preteridos em função de alguma exibição.

– Vem dormir, amor!

– Só um minutinho, querida. Não posso perder este capítulo. É o último da temporada...

Se em algum ponto da casa a TV já compromete a qualidade do relacionamento entre os cônjuges, no quarto é ainda mais prejudicial, um desastre mesmo.

Estou ouvindo algo assim:

– Ah! Mas a gente vê bem pouquinho. Temos o controle. Não deixamos a TV nos atrapalhar...

É impossível. Ninguém consegue. Ela foi feita para que fiquemos ligados hipnótica e abobalhadamente por toda a vida em seus vários canais de programas ruins e de infinitas propagandas.

A TV deve ficar fora do quarto do casal. Este deve ser um lugar acolhedor, tranquilo, organizado. Um lugar onde os cônjuges sintam-se motivados a estar em companhia um do outro.

Assim, berço no quarto, só no período imprescindível. Fotos dos pais, dos filhos, dos santos de devoção e dos avós, nem pensar. Tudo ali deve contribuir para o aconchego e a interação do casal. A decoração deve ser orientada para os tons e as texturas que os estimule sensualmente.

Em fins de semana, nada de ficar em casa assistindo TV. O cinema ou o teatro são opções muito mais criativas. Namorar. Assistir algo de qualidade e voltar para casa com a mente e o espírito desanuviados.

2. O meu pedido é...

Quase todo mundo tem uma ou outra parte do corpo que gostaria que fosse – ao menos – um pouquinho diferente. Mulheres: mais peito, menos peito, mais coxas, menos coxas, mais bunda, menos bunda, mais cintura, cabelos mais sedosos, rosto sem ruguinhas... Homens: um nariz mais reto e menor, cabelos mais fartos, pelos a menos, mais estatura, músculos mais definidos nos braços, barriga sem pneu... e por aí vai. Se cada um de nós dispusesse de uma fada madrinha, o primeiro pedido certamente estaria relacionado à melhoria da imagem.

Somos insatisfeitos por natureza. E a mídia não contribui muito para que sejamos diferentes. Querem que acreditemos no belo, pois o belo vende. Hoje, com os recursos do Photoshop, pessoas de aspecto comum (muitos modelos passam despercebidos em qualquer supermercado) surgem com uma imagem potencializada. Algo que nos leva a pensar que temos de ser necessariamente jovens e bonitos.

Infelizmente, a ideia que absorvemos consciente ou inconscientemente das revistas, outdoors e da TV nos leva além. Leva-nos a crer que temos de nos enquadrar em determinados padrões estéticos para que sejamos aceitos por alguém, para que esse alguém nos ame verdadeiramente.

É claro que o homem e a mulher precisam sentir-se atraídos fisicamente para iniciar um relacionamento. Afinal de contas, o casal se aproxima tendo em vista o envolvimento sexual.

No entanto, existem outros aspectos que devem ser considerados para que se sintam verdadeiramente atraídos. Os entendimentos intelectuais e morais, histórias de vida, afinidades... Não se trata apenas de imagem, de considerar o outro atraente ou não. O outro deve possuir também as qualidades psicológicas e de comportamento que desejamos para conviver conosco.

Em vista disso, quando um dos cônjuges se preocupa demais com a imagem, está desprezando os aspectos maiores que envolvem qualquer relacionamento. E, acima de tudo, a opinião do parceiro, uma vez que este evidentemente se casou com alguém que o agradava fisicamente.

Partindo daí, a pessoa que passa o tempo todo insegura, pedindo ao cônjuge que observe *atentamente* os seus defeitos, está, na verdade, se desvalorizando aos olhos do parceiro, depreciando-se, cortando pela raiz o interesse do outro por si. E nada além.

Ninguém, por mais que se esforce, suporta se relacionar por muito tempo com uma pessoa que não tem apreço por si, que vive a reclamar disso e daquilo em seu corpo. Que vive às turras com sua aparência.

– *Querido! Você percebeu como estou enorme?*
– *Acho que você está exagerando!*
– *Você não presta mesmo atenção em mim. Posso engordar trezentos quilos que nem se dá conta!*

Em razão da insegurança, essa pessoa tende a se retrair bastante no momento de se relacionar sexualmente com o cônjuge, e de tal maneira que passa a evitar suas investidas, mostra-se sempre desmotivada para o sexo e sem qualquer iniciativa. E nada pode ser mais prejudicial do que essa atitude, pois o marido ou a esposa não pode entender o que acontece de fato com o cônjuge, vai entender apenas que foi rejeitado ou rejeitada. A partir daí, o casamento começa a desmoronar.

A dica é contarmos sempre com uma boa autoestima. Fazê-la prevalecer em nossas vidas, seja por meio da prática de exercícios, meditação, oração, terapia, ou mesmo procurando interpretar o mundo de uma maneira coerente, que nos favoreça.

Uma boa autoestima é tudo o que uma pessoa precisa para se tornar sempre encantadora aos olhos de quem desejar.

3. Pode vir que não vou te morder!

Não existe nada pior para alguém do que conviver com um cônjuge que vira e mexe está de mau humor. Em geral, trata-se de uma pessoa pouco tolerante, que está sempre incomodada com tudo à sua volta. O pior é que não deixa de expressar sua constante insatisfação ao infeliz que por desventura está ali ao seu lado. Para essa difícil pessoa, nada funciona como deveria, ninguém trabalha direito em lugar nenhum, a praia está sempre suja, as batatinhas têm muito sal, todo mundo é chato, enfim, as coisas estão sempre bem longe do seu ideal. Em vista disso, fecha o tempo por qualquer coisinha...

– Gostou do almoço, amor? Eu adorei!
– Não! Nunca comi tão mal. Credo! Vamos embora logo.

– Vamos tomar um café aqui?
– Nem pensar! Não vejo a hora de sair desse shopping lotado.

– Olha esse idiota molenga na nossa frente!

– Odeio torcedores de futebol! Deveriam procurar algo mais útil pra fazer aos domingos...

...e põe um fim à leveza, à alegria e à harmonia do relacionamento.

O fato é que ninguém quer levar um cão mal-humorado para passear. Temos receio de que ele nos morda pelo caminho. E assim age também o marido ou a esposa com o cônjuge de temperamento irritadiço: evitam sua aproximação, fazem um cafunezinho e olhe lá. Procuram manter distância, pois não sabem o que pode advir de seu temperamento.

Evidentemente, esse distanciamento físico faz com que percam a intimidade e, a partir daí, a motivação para se relacionarem. Ademais, a pessoa que vive irritada perde a beleza, o charme e a graciosidade, elementos que nos tornam atraentes para o sexo oposto. Elementos que dizem: *pode vir que não vou te morder!* Ninguém, em seu juízo perfeito, quer se relacionar sexualmente com uma carranca.

Ocorre também que o mau humor exalado por uma pessoa que chega da rua prestes a explodir é corrosivo para o lar, torna-o pesado e propenso a agregar discórdias. O casal deve primar para fazer de sua casa um ambiente leve e suave, liberto de angústias, revoltas e problemas. É importante que adquira o hábito de deixar as porcarias, a sujeira fora de casa.

A pessoa que detém um temperamento dessa natureza precisa buscar ajuda de um psicólogo, de um exorcista ou um terapeuta para conviver de maneira sadia com o cônjuge. Torna-se imprescindível que o faça, uma vez que é muito prejudicial para o dia a dia doméstico e agride a toda a família.

4. Palavras gentis fazem aquela diferença

Temos cinco sentidos: audição, olfato, tato, visão e paladar. E eles – de uma forma ou de outra – precisam estar envolvidos para que nos sintamos atraídos por alguém. Temos de gostar do cheiro da pessoa, de sua aparência, sentir impulsos de beijá-la, mordiscá-la, apertá-la, e apreciar aquilo que nos diz.

Gostamos de saber, não apenas através do contato físico e do olhar, mas também através de suas palavras, que o outro se sente atraído sexualmente por nós, que nos deseja.

Cai muito bem ouvir do cônjuge certas palavras de apreciação; ficamos seguros em relação aos seus sentimentos. Por sua vez, essa segurança nos leva a vivenciar a intimidade de maneira mais leve, plena. O fato é que nos sentimos inclinados a gostar de quem ressalta nossos atributos, de quem nos aprecia.

A audição é um dos sentidos que precisa ser valorizado quando nos relacionamos com alguém, tendo em vista que a sonoridade de algumas palavras ou frases é algo muito sedutor, excita tanto o homem quanto a mulher.

– Você está linda hoje!

Qualquer mulher ganha o dia quando ouve algo dessa natureza, principalmente do cônjuge. Um elogio em relação à aparência é algo que fica ecoando na mente por um tempo. Todo mundo deseja se sentir bonito e sexy. É inerente à nossa natureza. Se dispuséssemos de um gênio da lâmpada mágica, certamente é um desejo que contaria entre os três pedidos.

– Como você é forte!

Que homem não sente o ego pairando nas nuvens ao ouvir essa frase? Não custa muito fazer um elogio ao cônjuge. Nem mesmo é preciso que esteja relacionado à aparência para envaidecê-lo.

– Você se saiu muito bem na apresentação. Estava muito seguro de suas palavras. Adorei!

– Você cozinha muito bem, querida! Devia virar uma chef! Faria sucesso!

É uma atitude que simplesmente precisa ser incorporada ao dia a dia do casal: utilizar na comunicação palavras que enalteçam o brilho um do outro, que os valorizem, palavras sonoramente gentis, que denotem interesse e apreciação. Agimos naturalmente assim com nossos conhecidos, amigos e parentes. Tendemos a elogiar seus pequenos gestos, o corte novo de cabelo, a roupa que lhe caiu bem, enfim, prestamos atenção às suas atitudes e aos seus detalhes. É desse modo que demonstramos nosso contínuo apreço, que mantemos o vínculo de afeição.

5. Um pouco de erotismo também é essencial

Palavras gentis funcionam como um mecanismo de sedução para o casal. Sentimo-nos seduzidos por palavras que nos enalteçam.

Nesse sentido, as atitudes de caráter sensual funcionam também como um forte mecanismo de sedução para os cônjuges, tendo em vista que o apelo (ou o estímulo à libido) é ainda mais expressivo. Esses estímulos são repassados ao outro da seguinte maneira:

– Quero você! Quero agarrar você. Transar com você. Agora!

Nada pode ser mais lisonjeiro para o homem ou a mulher – que se encontram na mesma sintonia, evidentemente – do que receber essa declaração. É algo que chega aos cinco sentidos para realmente nos perturbar, derrubar, amolecer, dissolver as regras do eu e nos lançar sem mais nem menos ao prazer.

E o melhor da história é que o erotismo funciona para os dois lados: para quem o promove e para quem o recebe. O homem que entra numa loja para comprar uma lingerie sexy para sua companheira está vivenciando uma soma de prazeres naquele momento, não há como negar. A própria expectativa em relação à sua atitude já lhe promove uma boa dose de euforia sexual. Do contrário, nem estaria ali. Nossas atitudes são sempre impulsionadas por nossos sentimentos.

Enfim, o erotismo traz tempero à vida do casal, o prazer não fica restrito apenas à atividade sexual. É algo que deve ser habitual para duas pessoas que se relacionam como marido e mulher.

Não não são necessárias muitas peripécias de parte a parte para manter o erotismo em dia. Uma conversa erótica de uma linha com o cônjuge – seja por telefone ou e-mail – já pode surtir grandes efeitos em seu dia. Gostamos de nos sentir arrebatados por pequenos gestos.

– Você ficou gostosa com aquela calça branca. Adorei!

– Vi uma cueca linda numa loja e comprei pra você! Quando pretende experimentar?

Pode-se observar que nem mesmo é necessário que tenha um teor erótico forte para surtir efeito, como nas frases anteriores. Algo sutil já traz bons resultados. Também não é preciso colocar o emprego em risco, claro. Pode-se enviar uma mensagem pelo celular. Há jeito para tudo.

Chegar em casa com um champanhe em mãos também é um ótimo exemplo. Não custa muita coisa. Promover ambientes aconchegantes, jantares à luz de velas, passeios exóticos em fins de semana etc. Há uma gama de situações que podemos criar para intensificar a sensualidade. E, uma vez em prática, é algo que o casal pode facilmente incorporar, porque é bom, gostoso, é excelente para ambos.

Marido e mulher precisam continuamente se ver como homem e mulher. Não é proveitoso que passem a vida um com o outro conversando e agindo como coleguinhas de trabalho. O casamento se transforma em algo muito tedioso, sem atrativos.

6. Não esqueça o romantismo

A maior parte das mulheres é romântica, não há como negar. Parece ser um elemento intrínseco à nossa natureza. Desde a mais tenra idade gostamos de ouvir historinhas românticas de princesas. Somos inundadas por elas. E inconscientemente incorporamos as lindas personagens por toda a vida: queremos que um príncipe valente, gentil, educado, cheiroso e sedutor nos salve e nos leve o quanto antes para o seu belo castelo.

Em outras palavras, queremos que o homem por quem nos sentimos afeiçoadas nos surpreenda, nos conduza, nos beije demoradamente, nos elogie, nos ofereça flores, nos ouça com genuína atenção, nos presenteie, nos apoie, nos ame perdidamente, enfim, que se jogue aos nossos pés.

Para um homem, essa expectativa feminina deve parecer assustadora à primeira vista; dificílima de atender, caso não disponha de capa, espada e um emprego que não exija a sua presença por quarenta horas semanais.

Talvez seja. Por outro lado, as mulheres são em boa parte compreensivas e atentas à realidade. Esperam do cônjuge os gestos românticos que consideram ser possíveis a ele.

Em suma: que valorize as datas que lhe são significativas (aniversário de casamento, aniversário dela, Dia dos Namorados...), que a presenteie com acerto nas datas festivas, que a convide para jantar fora de vez em quando, que elogie o seu jantar esmerado.

Mais: que a surpreenda eventualmente com um ramalhete de flores, que ofereça uma boa ajuda em casa (principalmente com as crianças), que planeje viagens para lugares interessantes nas férias, essas coisas. É o mínimo que esperamos daquele com quem dividimos a cama, não tem jeito. Nada que qualquer homem com mais de 18 anos não esteja careca de saber. Nada que a esposa não retribua de bom grado ao marido nas mesmas proporções.

7. Anotar na agenda: beijos de dez segundos

Segundo os sexólogos, o casal deve se beijar por ao menos dez segundos, todos os dias. Beijar mesmo, nada de selinhos nos lábios ou beijinhos estalados nas bochechas e na testa. De manhã, à tarde ou à noite, não importa o horário, desde que aconteça.

Parece pouco, *"um beijo só, que diferença fará?"*. Muita. Primeiramente, porque é gostoso receber um beijo, é algo que promove sensações em qualquer pessoa, que desperta a sensualidade dos cônjuges, o desejo, mantendo assim o elo da intimidade.

O beijo também restaura o equilíbrio emocional no organismo e dissolve ressentimentos, o que por sua vez auxilia o casal a se relacionar no momento seguinte com mais leveza, atenção e carinho.

Importa dizer que muitas pessoas – homens e mulheres – imaginam que o beijo na boca precisa necessariamente acabar na cama. E só o praticam com o parceiro ou parceira para esse fim.

Esse é um pensamento bastante equivocado, uma vez que os levam a passar o tempo que não consideram propício para o sexo apenas estalando monótonos selinhos nos lábios e fisicamente distantes. Em vista desse desligamento dos prazeres considerados menores, o casal deixa de ter um envolvimento que os estimule eroticamente ao longo do dia, da semana, ou do mês, diminuindo a intensidade da atração sexual.

Enfim, o beijo na boca deve contar entre as diligências diárias do casal. Creio que ninguém vai se atrasar ou perder muita coisa por causa de dez segundos.

8. Ainda dá para namorar?

Muita coisa muda após o casamento, não há como negar. No período do namoro, vemos que o homem e a mulher se esmeram para estar sempre próximos, onde quer que estejam. E não se contentam apenas com essa proximidade: estão sempre abraçados, de mãos dadas, se beijando, conversando e trocando singelas carícias. Enfim, aproveitam bem a companhia um do outro, pois sabem que dispõem de pouco tempo para estar juntos.

Após o casamento, essa valorização do tempo parece mudar, tendo em vista que o casal passa a morar sob o mesmo teto, o que permite que se vejam com maior frequência. Em outras palavras, o casal não sente a necessidade de estar sempre interagindo de algum modo, seja conversando, se abraçando, trocando carícias etc.

É compreensível. Afinal de contas, os trâmites da conquista até o casório foram penosamente cumpridos e o foguinho de ambos também tende a se abrandar. Ademais, o homem e a mulher passam a ter que dar conta de novas incumbências referentes à administração do lar, e outras relacionadas aos seus novos objetivos, atribuições que necessariamente os tiram do foco um do outro.

As briguinhas referentes à adaptação da vida conjugal também os levam a manter distância, eventualmente.

– Estou sem cuecas limpas na gaveta, querida, há semanas. Dá para colocá-las para lavar?
– Estou aqui com as panelas, não está vendo? Coloque você! Por que eu tenho de lavar suas cuecas? Aliás, quando é que você vai dar banho neste seu cão imundo? Ou está esperando que eu o lave também?

Enfim, o casal acaba involuntariamente se distanciando após o casamento. É o esperado. No entanto, é preciso dar atenção a esse comportamento para que não aconteça um contínuo afastamento por parte de ambos. Muitos casamentos terminam porque os cônjuges se afastam pouco a pouco sem perceber, e quando dão por si já não sabem onde se perderam, tampouco como retomar o relacionamento.

Em vista disso, é importante que marido e mulher procurem aproveitar o momento dedicado ao lazer para estar realmente juntos. Para se tocar, dar as mãos, conversar, fazer planos, *se beijar* e se divertir. Namorar mesmo, como faziam antes. Vale dizer que essa proximidade física, a retribuição de carinho e o divertimento em si estimulam a sedução e renovam a atração sexual.

É evidente que não precisam estar irritante e melosamente grudados o tempo todo, como casais de adolescentes, mas de um modo sadio, que lhes traga satisfação. Que denote a quem estiver por perto que realmente se trata de um casal; de duas pessoas que se apreciam e se amam, não de dois estranhos que se intitulam marido e mulher.

9. Uma falta aqui, outra lá, outra acolá...

No período em que estão se conquistando, tanto o homem quanto a mulher procuram demonstrar um ao outro suas qualidades, e entre estas figura a educação.

– Espere aqui, querida. Vou pegar o guarda-chuva no carro para você não se molhar!

– O seu amigo ligou, amor. Está aqui o recado.

– Sua mala está muito pesada! Deixe que eu a levo.

É uma fase em que ambos se esmeram para dar o melhor de si, impressionar, fazer bonito ao pretendente. Um período em que se desdobram para transmitir ao outro uma imagem atraente que o faça crer que seguramente escolheu a pessoa certa para se casar.

Assim, cada qual segue para o altar com essa imagem formada projetada em sua mente. Em outras palavras, casamo-nos com alguém que demonstrou – por certo tempo através de seu comportamento – possuir determinados requisitos em sua personalidade que estão de acordo com nossas expectativas. Enfim, alguém que acreditamos ser o que desejamos.

Ocorre que se trata apenas de uma imagem, não de uma garantia que os cônjuges podem oferecer um ao outro por anos a fio. Alguns descuidos de comportamento por parte do homem, da mulher ou de ambos e tudo se dissolve instantaneamente; já era.

– Querido! Você não acha que é falta de educação ir dormir quando temos visitas em casa?
– Ah! Mas são só os teus pais. São de casa, não ligam...
– Sei... Então posso fazer o mesmo com os teus?

– Ô querida. Por que você não passou o recado do meu irmão?
– Puxa! Esqueci completamente.

– Cadê a torta que deixei aqui na geladeira? Você comeu? Era o último pedaço...
– Desculpe! Achei que você não queria mais.

– Você inundou o banheiro outra vez? Já não te pedi para passar o rodo ao terminar?

– Por que você sempre me devolve o carro sem gasolina? Outro dia quase fiquei na rua.

– Já não te pedi para usar o prato para comer bolo? Você espalhou farelos pela casa inteira.

Uma falta aqui, outra lá, outra acolá, parece pouco, e aceitável dentro de um contexto. Mas temos de convir também que são muito irritantes para quem as suporta. Se contarmos esses deslizes ao fim de uma semana, de um mês ou de um ano, não será algo tão irrelevante, algo com o qual marido e mulher possam lidar sem que ocorram brigas e transtornos ao relacionamento.

Por esse motivo, é importante que os cônjuges estejam atentos às regras de educação e cortesia esperadas mutuamente, que não as percam de vista em razão do convívio e que as valorizem realmente. São elas, num todo, que contribuem para tornar o dia a dia prazeroso, harmonioso e agradável, que uma vez atendidas evitam que ora o marido, ora a esposa passe o dia pensando em mil e uma maneiras de matar o outro.

10. Momentos que realmente exigem privacidade

Por falar em descaso com as regras de educação, há também a questão referente aos momentos que exigem privacidade. O casal precisa zelar para não se expor em seus momentos de higiene pessoal. Somos seres civilizados. Ninguém deve partilhar com o cônjuge esses momentos de teor tão íntimo. Não condiz com as regras de educação e com os ditames do bom senso.

O tempo por si só já ocasiona certo desgaste ao relacionamento. A atração física, a sedução e o erotismo tendem a ir se perdendo no dia a dia. Se ainda houver uma contínua exposição dos momentos de caráter individual, certamente o desgaste ocorrerá bem mais rápido.

Assim, o banheiro jamais deve ser simultaneamente usado. Essa história de um dos cônjuges ali no vaso com o jornal aberto enquanto o outro toma banho é – no mínimo – grotesca. Sempre existe a possibilidade de se revezarem, acordando mais cedo, se for o caso.

É preciso também ter certos cuidados com a exposição dos odores corporais. Meias, roupas, sapatos, roupas íntimas, tudo o que se retira do corpo após horas e horas de uso fora de casa precisa ser depositado no local adequado. Nada pode ser pior do que o odor exalado por meias, sapatos e roupas impregnadas de suor.

Cortes de unhas, aparo da barba, escovas e depilação também são cuidados higiênicos para se realizar a sós e no local apropriado. É sempre desagradável encontrar pelos, cabelos e pedaços de unhas espalhados pela casa.

Comentários sobre acontecimentos gastrointestinais devem ficar longe dos detalhes. Tudo o que ouvimos é transformado em imagens. É dessa forma que codificamos a mensagem do emissor.

Assim, não custa evitar que o outro nos imagine em pormenores numa situação tão deplorável.

Quanto aos gases, nem é preciso dizer que os cuidados inerentes à sua liberação são sempre bem-vindos. Trata-se de respeitar quem está por perto, de não agir como se ignorasse a presença de outra pessoa no ambiente.

– Nossa, amor, que cheiro horrível!
– Foi o Lulu! Ô cãozinho mal-educado!

Enfim, esses cuidados devem prevalecer entre o casal para que a atração sexual continue a existir e o convívio não se transforme em algo absolutamente banal.

11. Descaso com a aparência

– Amor, você pode atender a campainha para mim? Acho que é o carteiro...
– Querida, estou ao telefone!
– É que estou aqui batendo um bolo com uns bobes no cabelo, creme no rosto e uma roupa amarrotada. Não dá para atender ninguém desse jeito...

– Olha só, querido... Ganhamos um mês de academia grátis. E é aí do lado de casa!
– Nem vem! Você sabe que eu só faço levantamento de copo.

Como vimos, o homem e a mulher sentem-se sexualmente atraídos em razão dos estímulos que conseguem proporcionar aos cinco sentidos um do outro. É algo consciente ou inconscientemente exercitado no período em que estão se conquistando. A mulher se desdobra para apresentar-se ao encontro com um aspecto jovial, saudável, investindo em sua roupa mais bonita. O homem, por sua vez, se encharca de perfume, escova os dentes umas três vezes antes de sair, mantém a barba e cabelos aparados, e opta sempre por roupas limpas.

Ambos reconhecem que o envolvimento sexual precisa desse amparo visual para engrenar. Faz parte da dança do acasalamento: querem se mostrar cheirosos, atraentes e sedutores um para o outro. Deixar explícito que estão aptos a gerar filhos sadios. Assim, homem e mulher, um tanto zelosos com a questão da sedução e aparência, se encaminham para o altar.

Ocorre que após o casamento, ambos tendem a ir se despreocupando com a questão da imagem, principalmente em casa. E não é para menos. Temos aí duas pessoas que se sentem aprovadas uma pela outra, o que as leva a considerar supérfluo e trabalhoso manter uma imagem atraente todos os dias.

– Dá para tirar essa blusa desbotada e furada, amor? Daqui a pouco teremos visitas.
– Ah! As visitas são de casa. Nem vão reparar.

– Quando você vai soltar os cabelos, querida? Faz três anos que só te vejo de rabo de cavalo!
– É mais prático assim. Tenho mil coisas a fazer. Não dá para me dedicar aos cabelos.

De certa forma, é trabalhoso, sim. No entanto, os cônjuges não necessariamente precisam estar em casa com um aspecto impecável, mas de modo que não se envergonhem caso precisem abrir a porta para alguém. De um modo aceitável. Que demonstre um ao outro que houve alguma preocupação com a maneira de se vestir e de se apresentar.

A visão, assim como os demais sentidos, necessita ser continuamente avivada ou estimulada pelo casal em seu convívio. Temos memória curta. A imagem, as palavras e o perfume que outrora nos seduziram não contam muita coisa no presente. O que vemos, ouvimos e sentimos no momento é o que vale de fato, infelizmente.

Vamos imaginar que estamos numa exposição de arte. Se virmos algo que nos agrade, nossa atenção imediatamente se voltará para o objeto que nos atraiu a atenção. Vamos parar diante dele por um tempo para apreciá-lo. Por sua vez, se passarmos diante de algo que não nos agradar, nem iremos perceber a sua existência. E desse modo também funcionamos em relação ao sexo oposto. Se deixarmos de considerar a imagem do outro atraente, vamos deixar de apreciá-lo.

Ademais, importa dizer que tanto o homem quanto a mulher que cuidam da aparência possuem notoriamente a autoestima mais elevada do que as pessoas que se apresentam por aí de forma relaxada. Ocorre que esse zelo necessariamente obriga a pessoa a se olhar, a cuidar mais de si, a se conhecer. Nesse contexto, ela se relaciona muito melhor afetivamente, pois é mais confiante, atraente e sedutora.

12. Este moletom é meu ou seu?

Como dito anteriormente, no período em que estão se conquistando, consciente ou inconscientemente, o homem e a mulher se esmeram para estimular os cinco sentidos um do outro. Procuram destacar visualmente seus atributos masculinos e femininos, pois reconhecem que essa artimanha os auxilia na sedução.

Para ressaltar sua feminilidade, a mulher faz mil e uma peripécias. Ela se maquia, usa sapatos de salto alto, meias finas, adorna-se com brincos, anéis e pulseiras, pinta os cabelos, trata-os com mil cremes, alisa-os ou enrola-os, enfim, faz de tudo para ficar bonita e atraente. Cuida também das unhas, e opta por roupas que valorizem suas formas (ou oculte o que não deseja mostrar).

O homem, por sua vez, procura ressaltar sua masculinidade ao manter a barba e os cabelos aparados. Opta por roupas modernas (não muito coloridas) e mantém a camisa por dentro da calça, o que evidencia o formato de seu corpo. Geralmente pratica algum exercício físico, pois instintivamente sabe que esse é o caminho para se tornar mais viril e atraente aos olhos femininos.

Enfim, ambos reconhecem que é importante enfatizar suas características sexuais durante a dança do acasalamento. Expressar, em linguagem corporal, que se trata de um homem e de uma mulher que possuem as qualidades primordiais para gerar filhos sadios.

E assim chegam ao altar, sexualmente enaltecidos e entorpecidos com as peripécias de sedução mútua.

Porém, como já dito, uma vez casados, o homem e a mulher tendem a se sentir desobrigados de manter em evidência a imagem que os uniu. Por inúmeros motivos: desde a sensação de que existe entre ambos um compromisso indissolúvel, passando pelas atribulações da vida em comum, cansaço, sedentarismo, brigas, doenças, falta de dinheiro, até chegar ao marasmo sexual.

A partir daí, passam a conviver como irmãos ou seres assexuados. E tendem a andar de moletons acinzentados, tênis branco e aos poucos adquirem as mesmas formas, como que transformados num casal de besourinhos.

– Você viu o meu moletom, amor? Não o encontro em parte alguma...
– Será que é este que estou usando?

É preciso ter em mente que o homem deve se sentir como homem perto de uma mulher, e a mulher deve se sentir como tal. As imagens inerentes às características sexuais precisam estar presentes em cada um, disponíveis para a apreciação de ambos. O marido deve ocupar-se em exibir-se de modo viril e a esposa com feminilidade. Dessa forma é que a sexualidade um do outro é enaltecida, valorizada e estimulada. Não é algo que o casal possa conseguir se ambos andarem por aí com as mesmas roupas, com o mesmo corte de cabelo, sem qualquer atrativo e se tiverem adquirido as mesmas proporções.

13. Mude alguma coisa, por favor, ou vou morrer de tédio!

– Querido, por que você não tira este cavanhaque?
– Qual o problema com o meu cavanhaque?
– Nenhum. Só acho que depois de quinze anos não custa mudar um pouco.
– Estou feliz com a minha aparência. Não se importe com isso, querida.

– Amor, por que você não compra umas roupas novas, mais justas?
– Você acha que eu me visto mal, é isto?
– É claro que não. Só acho que você já está bem magrinha e pode doar essas roupas de grávida.

Por trás desses pedidos feitos tão amavelmente pelo marido ou pela esposa, podemos interpretar a seguinte mensagem: *"Por favor, meu bem! Mude alguma coisa em sua aparência ou vou acabar morrendo de tédio!"*.

É algo para se dar valor. Afinal de contas, tudo muda à nossa volta constantemente. Estamos vivenciando uma era em que o novo é sempre valorizado. Tendemos a nos considerar cafonas em fotos de dois anos atrás.

– Olha só que cara de tia!
– O que me deu na cabeça para usar esse bigode?

Em vista dessa realidade, é natural que desejemos que o cônjuge se mostre eventualmente com uma imagem diferente, algo que denote que houve também mudanças em suas atitudes, em sua vida, em seu temperamento, e não apenas no mundo.

Ademais, o ato de renovar a imagem faz com que os cônjuges continuem a se olhar e a se apreciar, pois existe movimento nessa adequação, e qualquer movimento nos desperta a atenção.

A verdade é que não nos interessamos por ver sempre as mesmas coisas; queremos novidades. Assim como deixamos de olhar os quadros que temos em casa, apesar de considerá-los bonitos, também o fazemos com as pessoas por quem nos sentimos atraídos se não houver mobilidade em sua imagem.

E nem é preciso muito. Um bom corte de cabelo pode fazer milagres. Trocar as apertadas roupas do guarda-roupa, trazidas do túnel do tempo, por algo moderno, com bom caimento e que realmente sirva, nem se fale. Sem se esquecer, evidentemente, dos pijamas largos e desbotados, das cuecas puídas e das calcinhas de cor bege do tempo da vovó.

Um regime que elimine uns cinco quilinhos traz vitalidade a qualquer um. E não para por aí. A prática de algum esporte proporciona grandes benefícios à saúde e à mente, o que reflete positivamente na aparência.

Ademais, essa atualização da imagem traz frescor e jovialidade a qualquer pessoa, trabalha a favor de sua autoestima, o que lhe fornece segurança para se relacionar bem tanto com os familiares, quanto com as demais pessoas de seu convívio.

Enfim, os cônjuges devem procurar estar em dia com o seu tempo, zelar para que não estanquem no sofá ao lado um do outro com cara de foto antiga.

14. Brincadeira inofensiva? Sei...

– Ei, querida. Tem uma mulher aqui na novela com um bumbum maior que o seu.

– Amor, você está tão gorducho! Por que não se candidata à vaga de Papai Noel este ano?

Esses comentários podem soar como brincadeira, inofensivos para quem os faz, mas certamente não agradam a quem os recebe.

Homens e mulheres são muito críticos em relação a si mesmos. Mulheres ainda mais (bem mais). Vivem às turras com a própria imagem, e, em vista disso, estão sempre falando sobre o que não lhes agrada em seu corpo àqueles que lhes são próximos.

– Esquece o sutiã, querido. Não tem nada aqui.

– Este narigão é herança de família. Todo homem nasce com isto fincado na cara. Acho melhor adotarmos o nosso filho, querida, não quero correr riscos...

Ocorre que qualquer pessoa que exprime alguma insatisfação pessoal a alguém está, na verdade, lhe pedindo um apoio, um socorro talvez, algumas palavras que a deixem menos insatisfeita com aquilo que a incomoda. É algo sério para servir como base de piadinhas para o cônjuge.

– Que neura, amor! Libera aí esses peiticozinhos.

– Não se preocupe, querido! Os homens da minha família têm nariz pequeno, acho que assim equilibra o resultado.

Piadinhas nada agradáveis de ouvir, certamente. O sentimento de inadequação por parte de quem revela suas fraquezas torna-se ainda maior. O esperado seria o seguinte:

– Deixa disso, querida. Adoro seus seios! São delicados... combinam com você!

– Que besteira, amor. Nariz pequeno é coisa de mulher. Você é lindo, e nosso filho será lindo como você!

E fim de papo. Nada de trazer eventualmente o assunto à tona. O homem e a mulher precisam sentir-se aceitos reciprocamente, sentir que o outro o considera atraente num todo, de norte a sul, para poderem se relacionar com leveza, segurança e naturalidade. Para que na hora H não se sintam inferiorizados, intimidados e reprimidos por alguém que parece ter encasquetado com alguma parte de seu corpo (aquela que certamente os deixa mais irritados).

Outro aspecto que os cônjuges devem levar em conta refere-se às mudanças relacionadas à aparência. O novo corte de cabelo, a perda de alguns quilos, o uso de uma roupa nova etc. Não custa muito dizer algumas palavras de apreciação. *"Gostei! Legal! Ficou muito bonito!"*. Nada de fazer cara de espanto nesse momento.

O homem e a mulher sentem-se depreciados, invisíveis, por assim dizer, quando o companheiro parece não ter percebido algo de novo em seu visual. As mulheres principalmente, tendo em vista que são dadas a mudar radicalmente a cor dos cabelos e muitos maridos nem sequer percebem.

15. Flertando descarada e ousadamente

Como dito no item anterior, depreciar fisicamente o cônjuge – ainda que em tom de brincadeira – pode levar ao seu afastamento, uma vez que interpreta essa atitude como um ato ofensivo à sua autoestima.

Outra atitude que certamente leva qualquer pessoa a se sentir depreciada é perceber que o cônjuge está flertando com alguém em sua companhia. Flertando mesmo, babando descarada e ousadamente por alguém.

Essa atitude só pode ser interpretada da seguinte maneira:

> – *É evidente que não sou o que este(a) idiota deseja. Do contrário, não estaria aí tentando chamar atenção de outra(o) na minha frente.*

E é verdade. Demonstra que se trata de uma pessoa à procura de algo mais. Que não se encontra satisfeita com quem está ao seu lado. Que nem mais a respeita. Sendo assim, por uma questão de bom senso, o melhor para ambos é tentar uma conversa franca, colocar os pingos nos is e definir em que pé se encontra o relacionamento. Se existe a possibilidade de ir adiante ou não. E seja o que Deus quiser.

Importa dizer que homens e mulheres, por vezes, tentam promover os ciúmes do cônjuge mostrando-se desejáveis para outras pessoas. É um comportamento equivocado, baseado em insegurança, com o intuito de simplesmente valorizar-se para o outro e tentar dizer-lhe: *"Não sou de se jogar fora, benzinho. Está vendo?"*.

Nesse caso, o aconselhável é buscar o auxílio de um psicólogo, um terapeuta de casais, um conselheiro conjugal, enfim, alguém que possa compreender a situação e apontar a solução, pois se trata de um problema de comunicação entre o casal. Algo que talvez possa ser resolvido a partir de alguns entendimentos.

Vale dizer que essa história de viver comentando com o cônjuge sobre este e aquele artista da novela, os olhos e os peitos daquela atriz, o moreno do cartaz, os shortinhos da tenista da TV, enfim, sobre pessoas que consideramos bonitas, também é um modo de depreciá-lo.

Essa atitude pode lhe dar a entender que para o seu marido ou esposa apenas os outros são bonitos, sensuais, inatingíveis, e que se casou com alguém pouco atraente, de aparência comum.

16. Com quem você esteve, hein?

Quando as coisas estão difíceis entre marido e mulher, qualquer pessoa que se aproxime de um ou de outro demonstrando algum interesse pode lhes parecer perfeita.

– Otávio! Meus parabéns! Você deu um show em sua palestra!

Um comentário que levará o marido a pensar com seus botões:

– Minha mulher nunca me elogia assim...

Ela certamente o faz, e com maior naturalidade, eu diria. Ocorre que, quando não estamos nos entendendo muito bem com o cônjuge, tendemos a nos apegar aos problemas do dia a dia, às atitudes que estão gerando discórdias, às diferenças como um todo. Deixamos de valorizar o que até então era bom, as qualidades que apreciávamos no outro, as afinidades existentes e a própria história romântica do casal.

Como se essa soma de sentimentos perturbadores não bastasse, ainda nos colocamos na posição de vítimas.

– Não fui eu quem estragou tudo. Tenho certeza!

E, como vítimas, sentimo-nos no direito de cair em ciladas.

– Que bom que você gostou da palestra! Vamos ali no bar tomar um drinque para comemorar?

Ou ainda no direito de magoar o outro, deixá-lo com a pulga atrás da orelha, ainda que inconscientemente.

– Você está cheirando a perfume! Com quem você esteve?
– Acho que alguém no escritório se encharcou perto de mim. Só isso!

Trata-se também de um período sexualmente morno. Poucos casais conseguem se relacionar sexualmente quando em pé de guerra ou com muitos dilemas a serem resolvidos. E saem por aí carentes. Carentes de afeto, amor e tesão, o que os leva a se mostrar receptivos à atenção oferecida pelo sexo oposto.

Além de receptivos, loucos para desabafar, para falar sobre seus dilemas domésticos, sobre as dificuldades enfrentadas ao lado de um cônjuge de temperamento tão difícil, àquele que se mostrar afetuosamente solidário com a sua angustiante situação.

Assim, acabam valorizando uma pessoa que pouco conhecem, que imaginam que seja o que tanto procuram apenas porque faz o seu papel: mostrar-se bem diferente do marido ou esposa que está angustiando e causando problemas ao seu futuro pretendente.

Em outras palavras, arrumar um amante não é uma boa saída para ninguém. É um toma lá dá cá ilusório, calculado, sem a naturalidade de um relacionamento que se inicia por bases mais sólidas. É alguém que se interpõe entre duas pessoas com o intuito de ver o circo pegar fogo.

Em momentos de crise, de distanciamento, de marasmo sexual, o ideal é que o casal procure enfrentar-se, compreender o que se passa. Como dito no item anterior, se não souberem como fazê-lo – e dificilmente sabemos – a melhor opção é buscar o aconselhamento de um profissional capacitado.

17. Quer deixar a minha orelha em paz, por favor?

Em qualquer relacionamento, tendemos a projetar no outro nossa memória de sensações. É o que temos em mãos (ou melhor, no cérebro) para tentar agradar e conquistar a pessoa que desejamos: um histórico daquilo de que gostamos com alguma intensidade e do que não gostamos.

– Você precisa experimentar esta pizza de rúcula, amor! Eu comi outro dia e achei uma delícia!

– Não pegue este filme, Alex. Eu já assisti e é muito chato.

– Comprei entradas para o show do Meleca Mole e Meleca Grudenta, querida. Você vai gostar! Eles matam a plateia de rir!

– Fiz estas almofadas fofinhas para você. Sou fã de almofadas, tenho umas vinte em casa.

Também fazemos uso desse histórico sinestésico do eu quando tentamos seduzir o outro. Vamos procurar lhe oferecer as sensações que apreciamos.

– Querido, dá para deixar a minha orelha em paz, por favor?
– Nossa! Você não gosta de mordidinhas na orelha? Eu adoro!
– Para falar a verdade, não! Tenho vontade de te matar quando você faz isso...

Ocorre que nem sempre acertamos em cheio fazendo uso de nossas perspectivas, como no exemplo acima. E podemos ainda errar feio, como neste exemplo:

– Amor! Surpresa! Vou te lambuzar de chantili, da cabeça aos pés...
– Nossa! Lembrei agorinha mesmo que tenho um compromisso urgente. Fica pra próxima. Fui!

É compreensível que o homem e a mulher enfrentem, em qualquer tempo, algumas dificuldades para proporcionar prazer um ao outro. Primeiro, porque são duas pessoas de sexos diferentes. O homem não pode imaginar em detalhes o que é eroticamente bom para uma mulher, e a mulher também não tem como imaginar o que é bom para ele. Teríamos de trocar de corpos por ao menos uma semana para compreender as sutilezas dos mecanismos de sedução um do outro.

Trata-se também de duas pessoas de personalidades distintas, que sentem e expressam seus sentimentos de maneira única. Em outras palavras, o que agrada um homem não necessariamente irá agradar a outro, e assim também ocorre com a mulher.

Temos ainda que levar em conta que as pessoas mudam. Os toques e o carinho que seduziam ontem podem hoje não estar em alta.

Para resolver essa complexa questão, podemos tentar oferecer as diretrizes ao outro: *"Põe a mão aqui, aperta ali, beija acolá, arranha, morde aqui desse lado bem fraquinho...",* mas soaria estranho e certamente deixaria a pessoa irritada e insegura. Muitos homens e mulheres agem utilizando diretrizes de autômatos com o companheiro e acabam por afastá-lo.

Enfim, os cônjuges precisam contar com o mapa da mina antes. Na hora H, devem apenas usar o instinto, respirar e seguir em frente com segurança e naturalidade, sem muitas regras para não estragar o momento. Deixar que o desejo realmente os conduza.

Uma boa dica para o casal é conversar sobre sexo fora da cama. Sutilmente, sem imposições, pode-se colocar em pauta o que ambos gostariam de vivenciar sexualmente. Os momentos de lazer são os mais apropriados para abordar esse assunto.

Outra dica importante elaborada por sexólogos é desenhar duas figuras de um homem (frente e costas) e duas de uma mulher (frente e costas). A esposa deve assinalar e enumerar, na figura correspondente ao marido, os pontos de seu corpo onde ela acredita que ele aprecie receber seus toques progressivamente, até a consumação sexual. O marido deve fazer o mesmo com a figura correspondente a si. Depois, ambos comparam os resultados. A partir daí, é só colocar os acertos em prática.

O homem deve proceder da mesma forma com a figura correspondente à esposa. E a mulher com a figura correspondente a si. E comparar os resultados obtidos.

Esse é um excelente exercício de conhecimento mútuo. Muitos casais se surpreendem ao descobrir quanto estavam equivocados em relação ao corpo um do outro.

18. Onde (não) mora o tesão

Como dito no item anterior, é importante que os cônjuges se conscientizem de suas diferenças sexuais, que compreendam que funcionam eroticamente de modo distinto.

Em suma, tanto o homem quanto a mulher podem ter uma leve ideia do que proporciona prazer ao sexo oposto, mas será sempre a partir de suas perspectivas, o que pode não ser o esperado pelo(a) parceiro(a).

– Querido, faz horas que você está acampado aí no meu umbigo...
– Puxa! Pensei que você gostasse!
– Nem tanto...

Em vista disso, os cônjuges precisam aprender a explorar um ao outro verdadeiramente. Para isso, devem deixar de lado suas referências pessoais, seguir por caminhos que não lhes dizem respeito. A nuca, por exemplo, pode não ser um ponto de muita sensibilidade para o homem, mas pode responder como uma zona erógena de alta intensidade para sua esposa. Por outro lado, uma massagem na planta dos pés pode não significar muita coisa para a mulher, e ser algo muito estimulante para o marido.

Enfim, descobrir onde marido e mulher escondem suas zonas erógenas é um trabalho extensivo a ambos. Vale dizer que existe um mundo de sensações a serem descobertas entre duas pessoas e isso não requer tanta ousadia assim. Um simples toque mais adiante do que o comumente oferecido ou em algum território ainda não explorado é um bom exemplo. Segundo a contagem dos sexólogos, existem 847 pontos de prazer no corpo. Dá para fazer a festa.

Uma dica especial é fazer uso de cremes e óleos aromáticos para massagear o corpo inteiro um do outro. Esse cuidado em estimular sensualmente o corpo como um todo promove uma gama de sensações que aumentam sensivelmente o prazer sexual.

Enfim, é surpreendente descobrir o quanto um ainda pode fazer pelo outro para se relacionarem sexualmente melhor.

19. Abrindo a caixa de fantasias eróticas

Todo mundo sabe que existe, lá pela última gaveta de seu íntimo, uma caixinha contendo suas fantasias eróticas. Das mais singelas – transar com o meu amor à beira-mar sob o luar –, às mais exóticas – transar com o meu amor sob o luar em alto-mar numa banheira cheinha de gelatina sabor cereja.

Somos muito criativos e tendemos a visualizar em detalhes o que desejamos, ou o que pensamos desejar. Esse é o modo que encontramos para vivenciar a situação que nos parece interessante, inusitada; compreender o que estamos querendo sentir, ainda que apenas na mente. Em vista disso, nós nos surpreenderíamos um bocado se indagássemos a cada pessoa o que consta verdadeiramente de sua caixinha de fantasias eróticas.

– Adoraria ser mordido no pescoço por uma vampira ruiva de lingerie preta!

– Gostaria de dar um amasso num homem forte e bonito, recém-saído da academia, pingando suor.

– Voar agarrada ao Super-Homem.

Ocorre que o homem e a mulher, quando casados, procuram deixar suas fantasias em suspenso, não as declaram um ao outro por receio de se sentirem ridículos ou desaprovados. Evidentemente, nem tudo pode ser retirado ali da caixinha, mas grande parte de nossas fantasias pode ser do conhecimento do cônjuge. E uma vez que ele as conheça e aceite entrar na dança (ainda que parcialmente), certamente se sentirá à vontade para declarar as suas. A partir daí, é possível fazer mil e uma e até juntar as fantasias.

– Então você vai me morder, amor?
– Vou morder e enfiar as unhas em suas costas. Mas só se você me deixar vendá-lo. Senão não vejo graça.

Homens e mulheres gostam de fantasiar. É inerente ao ser humano. A vida fica mais leve quando damos asas à imaginação, quando nos divertimos, quando procuramos vivenciar as coisas sob novas perspectivas. É algo que deve ser valorizado em nosso dia a dia.

Por vezes, pequenos pedidos do cônjuge estão inconscientemente ligados às suas fantasias.

– Por que você não deixa o cabelo mais claro, amor? Acho que ficaria bem.

– Paulo, põe a bermuda azul que eu comprei para você.

– Aquela que me faz parecer um surfista?

O homem e a mulher devem estar atentos a esses pedidos do cônjuge, em vez de desprezá-los por não compreender a sua importância. É uma maneira de proporcionar prazer ao outro, uma vez que vai ao encontro da satisfação de um desejo íntimo.

Ademais, os cônjuges que conseguem fazer valer suas fantasias entre si – de um modo saudável – são menos inclinados a discutir, a se separar e arrumar amantes por aí, pois a tendência é que permaneçam satisfeitos em companhia um do outro.

Por fim, vale acrescentar que as fantasias eróticas proporcionam aos cônjuges o exercício do erotismo, da sedução e do romance. É divertido também vivenciá-las, uma vez que trazem novidades, movimento, sintonia, leveza e alegria ao relacionamento.

20. Se esquecer as preliminares... nada feito!

Podemos definir "preliminar" como tudo o que precede o sexo e causa contentamento ou excitação. Por "tudo" entende-se tudo. Desde o bom-dia que damos ao cônjuge pela manhã até chegarmos aos finalmentes.

Algo que valorizamos durante o período da conquista. Queremos que o outro nos queira em sua cama, que nos encante com seus encantos, e para isso sabemos que temos de nos desdobrar por um período razoável para criar o clima para seduzi-lo. Faz parte da dança do acasalamento. Não é algo que possamos conseguir com um simples beijo no pescoço, uns apertõezinhos aqui e ali ou um telefonema de última hora, no pá-pum.

– Te pego aí em cinco minutos. Topas?

Também não desejamos vivenciar o pá-pum quando realmente estamos apaixonados por alguém. Nessa fase, o homem e a mulher almejam um balanço entre seduzir e ser seduzido. É o que realmente torna o relacionamento atraente: esse esforço por parte de ambos em agradar, em se mostrar solícitos, amáveis, apaixonados e sexualmente atraídos.

É um momento em que estamos sempre atuando com base em preliminares, essa é a verdade. Vivemos perfumados e bem-vestidos, dizendo palavras quentes ao pé do ouvido um do outro, frequentando lugares atraentes e divertidos, com bom humor, apalpando-nos aqui, ali e acolá aos beijos e abraços.

Cuidamos também por nos fazer sempre presentes, insinuando-nos sedutoramente para o outro, seja por telefone, e-mail, pensamentos, o que for.

Desse modo, é evidente que na hora H o homem e a mulher chegam mais afoitos para o sexo, mais dispostos a proporcionar prazer ao outro, pois estavam vivenciando um período que os manteve excitados. As preliminares propriamente ditas serão realmente colocadas em prática, pois o estímulo sexual é grande. Existe aí uma fonte transbordando de energia para ser gasta. Temos vontade de fazer do outro gato e sapato, virá-lo do avesso.

É bem diferente de quando chegamos perto de alguém com quem não conversamos durante o dia, a semana ou o mês, para seduzi-lo em ponto morto, num ambiente pouco atrativo, em cinco minutos. As preliminares, aqui, não serão satisfatórias. Falta-nos o acúmulo de energia sexual, a vontade de satisfazer de pronto um desejo em ebulição.

Em vista disso, os cônjuges devem dar atenção às atitudes dispensadas um ao outro, começar com as preliminares logo de manhã, com um beijo mais ardente, palavras de apreciação, e assim correr o dia demonstrando suas segundas intenções. Não é preciso muito, como já dito nos itens anteriores. Um insinuante convite por e-mail pode deixar qualquer um atordoado. O uso de um bom perfume também é algo que fica na memória.

Enfim, essa atenção às preliminares ou aos estímulos de sedução, se realmente incorporados por ambos, torna a vida sexual muito mais atraente e satisfatória. É algo que certamente mantém o casal atraído fisicamente e em sintonia afetiva.

21. Rotina sexual: perigo!

Para o homem e a mulher, qualquer atividade que se transforme em algo rotineiro em suas vidas acaba perdendo o valor antes estimado.

Não se trata de sermos simplesmente insatisfeitos, trata-se de vivermos num mundo que nos impulsiona a experimentar constantemente novas sensações, desafios e diretrizes. A rotina, de certa forma, nos protege, pois sabemos o que esperar dentro do contexto que a acompanha, mas ao mesmo tempo ela nos cansa.

Deixamos de prestar atenção ao que estamos fazendo no momento em que vivenciamos algo cujo roteiro já sabemos ou que não nos encanta mais como deveria. Não há sensações novas por desfrutar. Como exemplo, podemos dizer que ninguém se sente muito estimulado a ver um ótimo filme por duas vezes seguidas. Precisamos esperar algum tempo para que as imagens e a história desanuviem-se em nossas mentes. Enjoamos também da roupa mais bonita do guarda-roupa. E não queremos comer pizza todos os dias.

Enfim, por mais deslumbrante que seja o caminho escolhido, se o percorrermos por dias e dias a fio, mais cedo ou mais tarde deixamos de apreciar a paisagem.

Em vista do exposto, os cônjuges devem primar para que o sexo não se torne uma rotina em suas vidas, fazendo-o acontecer numa rapidinha, às terças e sábados, após um seriado de TV, pois a tendência é que acabem seriamente desestimulados.

E na hora H, é importante que busquem novas maneiras de se relacionar. É claro que não precisam ser criativos todos os dias, mas alguma coisa durante a semana sempre pode ser feita para mudar o roteiro. E nem é preciso muito para inovar: uma nova camisola pode fazer a diferença. Investir em novas cores e texturas de lençóis também é algo que torna o sexo mais estimulante. Mudar o ambiente. Marcar um encontro para jantar. Preliminares com diferentes toques de sedução e roteiro diferenciado promovem novas sensações em qualquer pessoa. Enfim, é só pensar um pouco que as possibilidades tornam-se infinitas.

Parece complicado viver tendo que nos ocupar constantemente em não cair na rotina com o cônjuge. No entanto, assim agimos em relação aos demais aspectos de nossas vidas. Precisamos ser criativos o tempo todo. Com os projetos que temos em mente, com as pessoas com as quais interagimos diariamente (chefes, clientes, sócios, colaboradores), com nossos filhos, principalmente. E profissionalmente, o dia a dia exige que estejamos sempre fazendo além, de um modo que demonstre que estamos nos empenhando. E aqui, estamos falando sobre sexo, sobre algo que nos proporciona prazer. Creio que é uma motivação e tanto para sermos criativos, para torná-lo sempre interessante, se assim o quisermos.

22. Como os monges do Tibete

Logo que nos casamos, existem dois fatores que agem a favor do sexo: o fogo está em alta e desfrutamos, enfim, da liberdade tão almejada. Em vista disso, temos uma enorme vontade de experimentar com o cônjuge todos os cômodos da casa. E quando por fim acabam, a tendência é que os repassemos em lugares diferentes.

– Já fizemos em cima da máquina de lavar, amor?
– Não! Só em cima da secadora!

É evidente que uma hora ou outra os lugares inusitados darão mesmo lugar à cama e esse fogo todo tende a abrandar, em razão das questões já comentadas. Assim, se no início o sexo acontece sete vezes por semana, duas vezes ao dia, lá pelos dois anos de casamento esse número tende a cair para cinco vezes por semana (com muita sorte), uma vez ao dia. Após cinco anos, três ou quatro vezes por semana, uma vez ao dia. Enfim, é o esperado.

No entanto, o casal precisa cuidar para que esse número não despenque progressivamente ano a ano. De cinco vezes por semana, por exemplo, para três, de três vezes para uma, de uma vez por semana para duas vezes ao mês. De duas vezes ao mês para uma vez. Ao chegar a esse ponto, os cônjuges dificilmente conseguem retomar o antigo ritmo. É como qualquer exercício: se deixarmos de praticar regularmente, vamos nos sentir cada vez mais desmotivados para retomá-lo.

Os sexólogos afirmam que não existe um número de relações sexuais (semanais, mensais ou anuais) que pode ser apontado como o certo, pois cada casal é único, tendo em vista a idade de um e outro, disponibilidade, afinidades, estilo de vida etc. O que existe é o bom senso: o casal deve praticar um número aceitável para ambos, que os satisfaça realmente. Um número significativo, que possa mantê-los atraídos, unidos como homem e mulher, antes de se virem como dois monges do Tibete.

Ademais, o estímulo ao sexo regular é de suma importância para os cônjuges. Traz bem-estar a ambos, vigor, e evita uma série de doenças. No plano afetivo, promove os entendimentos e os mantém fiéis. É válido salientar também o sentimento de jovialidade. Marido e mulher sentem-se jovens em qualquer tempo quando praticam sexo regularmente.

Alguns cuidados observados pelo casal podem evitar que com o passar dos anos o sexo aconteça apenas no final das férias. Primeiramente, desapegar-se da televisão. Dar atenção às preliminares. Não trazer problemas para casa. Cuidar da aparência, da saúde e da autoestima. Praticar exercícios físicos. Elogiar o cônjuge. Investir nas diligências da sedução. Enfim, cuidar do relacionamento como um todo.

23. Hoje não, amor. Estou com uma baita dor de cabeça!

Entre as inúmeras questões que contribuem para a decadência da atividade sexual no casamento, consta em primeiro plano a falta de motivação de um dos cônjuges para o sexo (ou suas constantes negativas).

– Hoje não, amor. Estou com cólica!

– Hoje não, querido. Tô com uma baita dor de cabeça.

– Hoje também não dá, fofo. Tenho que estudar o texto pra a prova.

– Hoje não, querida. Tô com febre, não consigo nem me mexer.

Os exemplos dados foram propositadamente elaborados com três recusas de uma mulher contra uma de um homem para salientar o que todo mundo sabe: no ambiente conjugal, as mulheres tendem a se recusar mais ao sexo do que os homens. Geralmente eles só o fazem se estiverem com os dias contados.

Ocorre que os homens levaram bem a sério aquela história de *"crescei e multiplicai-vos"*. Transam em tempo bom ou ruim. Empolgam-se facilmente com o estímulo visual. Conseguem sair de uma briga com o mundo e transar no momento seguinte com quem quer que seja.

Talvez seja um comportamento que remonte à Pré-história, aos tempos em que estavam a desbravar ferozmente os continentes. Tinham que se excitar rapidamente, não havia tempo para oferecer algum romance às mulheres, pois estavam sempre em guerra ou de partida.

Nesse sentido, a mulher é bem diferente. Ela precisa ser tocada. Ver um homem de cueca ou pelado à sua frente não lhe diz muita coisa. Os ventos também precisam soprar a favor em seu dia. E se não houver uma preparação devida do terreno, ela prefere virar de lado e dormir. Daí tantas negativas: dificilmente ela se sente arrebatada para o sexo.

Em suma, sexualmente falando, homens e mulheres funcionam de maneiras distintas. O homem se excita muito rápido, e o fogo também vai rapidamente embora. Quanto à mulher, ela precisa de mais tempo para se excitar, mas o calor dura mais. É incrível sermos considerados seres da mesma espécie.

Enquanto namoramos, existe de parte a parte muita atenção às manobras pré-sexuais. Vivemos com base em preliminares, almejando os finalmentes. Com o casamento, esse jogo de sedução tende a diminuir, o que desfavorece a libido das mulheres.

Em vista disso, é importante que os cônjuges trabalhem essas diferenças, que as administrem, para que esses descompassos não os afastem, tendo em vista que as recusas constantes por parte da esposa certamente são prejudiciais ao ego masculino e ao relacionamento como um todo. É ruim para os dois lados, pois a negativa da mulher está associada – na maioria das vezes – à sua insatisfação. Em seu íntimo, ela considera que não terá o prazer que almeja. "É melhor dormir do que aguentar isso" – é o que pensa.

Na verdade, ela realmente quer se relacionar sexualmente com o marido, mas de um jeito que atenda aos seus requisitos femininos, que atenda ao seu tempo, que lhe proporcione a satisfação almejada. Sexo às quinze para a meia-noite, feito a partir de uma mordidinha na orelha, só interessa aos homens.

Enfim, essa questão, quando vivenciada pelo casal, precisa ser resolvida antes que acabe por minar o sexo e o casamento de vez. Nada que uns acertos aqui, outros ali, alguns beijos a mais durante o dia, certa atenção e menos TV durante à noite não possam resolver. Os cuidados devem prevalecer de parte a parte. Não adianta a esposa reclamar que o marido não quer saber das preliminares, que vai direto ao assunto, se ela o espera na cama com creme no rosto, uma camisola furada e calcinha emprestada da vovó.

24. Primeiro, o bebê. O mundo fica para depois.

Hoje em dia, homem e mulher se casam pouco preparados para vivenciar o período gestacional. Ocorre que as famílias estão enxutas, e por essa razão acontecem esporádicos nascimentos. Assim, falta-lhes a oportunidade de acompanhar esse período através de outros membros da família, o que os leva a ter um entendimento insatisfatório sobre gravidez.

A tendência é que imaginem que pouca coisa mudará durante os noves meses que antecedem o parto, o que está bem longe da verdade.

Primeiramente, as mulheres, quando grávidas, só querem saber do bebê. As elucubrações do marido, suas neuras, problemas profissionais, problemas com sócios, inseguranças, não lhes dizem respeito. Elas estão vivenciando um momento que consideram muito especial para se voltar para algo além deste mundo. Querem saber de deixar o ninho bonito, de preparar o enxoval e falar do bebê o dia todo. Nada além desse papo chama a atenção das mulheres.

– Estão querendo fazer uma fusão em minha empresa. Se tudo der certo, vou parar lá em Manaus!
– Me ajuda aqui, querido! Que roupinha você acha mais confortável e bonitinha para o neném usar no primeiro dia?

Talvez a natureza feminina precise desse tempo. O corpo e a mente necessitam estar sãos para se gerar um filho, e só se consegue essa proeza ao se desvincular dos problemas do mundo.

Em outras palavras, a mulher encontra-se num período que não responde às expectativas do marido. Muitas vezes, ele se verá falando de sua vida com as paredes. Na verdade, ela está entretida com a natureza de seu estado e, acima de tudo, ocupada em descobrir os caminhos para assumir o seu papel de mãe.

Assim, esse momento deve ser compreendido e respeitado, bem como os primeiros meses em que cuida do bebê. Por qualquer coisinha, as mulheres entram em depressão pós-parto, os seios empedram (algo que homem algum pode imaginar o quanto é dolorido), o leite diminui ou chegam a perdê-lo de vez.

O marido deve esforçar-se para criar uma ponte sólida para esse mundo, participar desse período oferecendo à esposa sua genuína atenção, pois é isso que ela deseja durante a gravidez: ter alguém ao seu lado que compartilhe seus interesses.

Vale ressaltar que a libido da mulher está em baixa nesse período, abaixo de zero, tendo em vista que os hormônios que a inundam durante a gravidez não a estimulam sexualmente. Há também a questão das dores nas costas e nas pernas, o tamanho da barriga, as gordurinhas extras, enfim, tudo leva a mulher a sentir-se desconfortável para o sexo.

Em suma, no período de gestação, a mulher não será a mesma, é o esperado. Mas, uma vez compreendidas as razões de suas mudanças, o marido pode administrá-las diligentemente para que o casal entre em sintonia e o bebê seja recebido com muito amor num lar harmonioso e feliz.

25. Cadê a mamadeira do Júnior?

Assim como hoje em dia poucos casais sabem o que esperar durante o período gestacional, também estão bem longe de saber o que significa ter um bebezinho em casa.

Antigamente, quando as famílias eram numerosas, as mulheres podiam dispor do auxílio da mãe, das irmãs, primas, tias, avós, tias-avós, sogras, enfim, elas se revezavam para prestar auxílio dia e noite. Os maridos ficavam de fora da empreitada jogando conversa fora e fumando os seus charutos.

Com o enxugamento das famílias, hoje a mulher conta com a mãe, a sogra (se houver entendimentos) e olhe lá. Em vista disso, o marido não pode mais se dar ao luxo de ficar de fora. Sua ajuda com os cuidados do bebê tornou-se imprescindível.

No entanto, nem todo homem reconhece de pronto o seu papel como pai. As coisas mudaram em muito pouco tempo e a tendência é que ele fique meio perdido em relação às suas incumbências.

– Querido, traz a mamadeira do bebê!
– Tá na mão!
– Credo! Quer queimar a língua dele? Coloca no jarro pra esfriar!

Junte-se a isso o fato de que a cada meia hora sua casa é inundada por pessoas que o atropelam para ver o bebê, o que o leva a concluir com seus botões que não passa de um mero coadjuvante nessa história e sente-se excluído.

Ocorre que a mulher de hoje (condicionada desde cedo a exercer o seu papel no mercado de trabalho) não se sente muito preparada para a maternidade. Essa questão não faz parte de seu aprendizado. Em vista disso, suas exigências com o marido são altas. Ela o quer ao seu lado ajudando-a com o bebê e que o faça com desenvoltura. E isso não vai acontecer (ao menos não com o primeiro filho). Ele precisa de um tempo para aprender a lidar com algo que até então esteve longe de seu universo. Precisa ser incentivado a capacitar-se para cuidar do bebê.

– Pode fazê-lo dormir, querido. Isso mesmo. Ele gostou, está vendo?
– Segure-o assim e dê a mamadeira pra ele. Está certinho.

É só uma questão de aprendizado. Muitos pais que nem sequer sabem segurar o bebê com o tempo transformam-se em verdadeiras mães. Basta que a esposa tenha paciência para lidar com sua falta de jeito, afinal, é uma fase em que ambos têm muito a aprender.

Assim, do mesmo modo que o homem precisa criar uma ponte até o mundo da mulher durante a gravidez, compreender as nuances de seu comportamento, a mulher precisa criar uma ponte até o mundo do homem após a gravidez. Incluí-lo verdadeiramente nesse momento tão especial.

Esse é o caminho para se manterem próximos e evitar as discórdias.

Vale acrescentar que o bebê vai exigir bastante do casal, como nunca, principalmente nos primeiros meses. Em vista disso, é importante que procurem sair para passear de vez em quando, ainda que para ir ao cinema ou tomar um café no bar da esquina.

Esses momentos os ajudam a aliviar a tensão e a irritação pelas noites maldormidas, assim como a manter o diálogo em dia. Favorecem também a retomada da atividade sexual, uma vez que ambos voltam a interagir de forma animada e descontraída (ao menos por umas horinhas).

Ademais, auxilia também no bem-estar do bebê. Explica-se: ele é como uma esponjinha emocional. Se os pais estiverem bem, exalando tranquilidade, amor e alegria, ele responderá à altura.

Importa dizer que muitos e muitos casamentos terminam hoje em dia por que o casal não consegue lidar com as mudanças e as dificuldades advindas desse momento. Eles simplesmente se perdem em meio às suas exigências e aos seus dilemas e se distanciam.

26. Querida, cheguei!

Quem não se lembra da animada saudação de Fred Flintstone ao chegar à sua casa?

– *Queridaaa. Cheguei!*

E da calorosa recepção que a esposa e o "cachorro" Dino lhe davam ao entrar?

Trata-se de um desenho animado, mas retrata muito bem a maneira como os cônjuges deveriam estar ao retornar ao lar: alegres, vivazes e, acima de tudo, bem-humorados.

Para qualquer pessoa deste mundo, pode parecer difícil ostentar bom humor e alegria ao final de um dia que se resumiu em enfrentar uma gama de diversidades, incluindo aí atravessar a cidade inteira à beira do caos. É compreensível que sejamos afetados pelas chateações, afinal, tendemos a querer que tudo caminhe dentro dos conformes.

No entanto, não podemos deixar que os dissabores do dia nos assombrem penosamente até à noite de maneira a estragá-la. Aliás, estragar a noite de duas pessoas, tendo em vista que o humor e as emoções de um dos cônjuges se estendem invariavelmente ao outro.

– Estou louco da vida com aquele cliente idiota que me deu o cano! Louco mesmo! Tenho vontade de ligar pra ele e xingar! E você? Teve de lidar com algum cretino também?
– Não, querido. Hoje correu tudo bem. Agora, se me dá licença, vou dormir, estou com dor de cabeça e cansada de te ouvir!

A volta para casa deve figurar no íntimo do homem e da mulher como algo prazeroso, como a melhor hora do dia, para que o encontro seja estimulante, afetuoso, divertido.

Não é um momento para cada qual mostrar a sua cara mais azeda e despejar suas neuras na cabeça um do outro. Essa atitude vale mais ou menos como um tiro no pé para cortar pela raiz a libido de ambos.

Se em alguns dias o desgaste emocional com o trabalho e com outras atribuições é grande, o recomendado é que, antes do retorno ao lar, os cônjuges deem uma paradinha para tomar um café, comprar uma revista, praticar algum exercício na academia, como esteira, bicicleta ergométrica, natação, enfim, o que lhes agradar fazer para desanuviar o estresse será de grande valia.

Ambos devem ter em mente que é mais saudável dispor de um tempo menor ao final do dia para estarem juntos com bom humor, vivacidade e desfrutando de equilíbrio emocional, do que um tempo maior para apenas estarem lado a lado se mortificando ou rosnando um para o outro.

Importa também dizer que, casadas ou não, as pessoas devem aprender a não se deixar afetar por pequenas coisinhas, e administrar as grandes com cautela e inteligência, cuidando para não enlouquecer.

– João, você viu os meus sapatos? Acabei de largá-los aqui. Como é que eu posso viver num mundo que está contra mim? Nem os meus próprios sapatos colaboram!

Ocorre que o casal, ou particularmente o marido ou a esposa que está sempre de mau humor, simplesmente se habituou a estar de mau humor, entrou no chamado ciclo vicioso. A partir daí, é preciso fazer algum esforço para retomar o antigo estado emocional (seja por meio da conscientização, terapia, exercícios físicos, meditação), para que volte a ter alegria e motivação em sua vida.

Em suma, o casal deve dar atenção ao seu estado emocional para manter a vivacidade do relacionamento. Como dito antes, nada melhor do que desfrutar de um círculo de amigos, ir às festas, programar viagens e passeios interessantes, andar de bicicleta, fazer churrascos com a família no fim de semana... namorar, ir a motéis, enfim, há inúmeras opções criativas, basta saber onde se encontram os bons momentos da vida.

27. Nitidamente na defensiva

Os cônjuges devem cuidar do equilíbrio emocional para que possam desfrutar de um relacionamento vivaz e saudável. Ambos devem saber que, seja qual for o problema (físico ou psicológico) vivenciado pela esposa ou pelo marido, ele afeta invariavelmente o bem-estar do outro.

– Vamos sair para dar uma volta, querida? Não aguento mais ficar em casa sem fazer nada.
– Não insista! Não vou tirar este pijama antes de segunda-feira. Vai você!

– Você tem bebido muito, querido. Não é melhor parar de visitar o barzinho da sala?
– Além de ter mil problemas caindo na minha cabeça, mais esse agora? Não posso mais beber em minha própria casa?

Nos exemplos acima, vemos que o homem e a mulher interagem com seus respectivos cônjuges com as emoções alteradas. Estão nitidamente na defensiva e não aceitam qualquer sugestão. A complexidade de seus sentimentos não lhes permite ter uma compreensão clara das palavras ditas pelo outro nesse momento ou mesmo de suas intenções.

Ocorre que a maioria de nós não tem conhecimentos de psicologia. Assim, podemos fazer muito pouco pelo cônjuge quando este se encontra com o comportamento alterado. Primeiro, tendemos a demorar a perceber o problema. Simplesmente vamos interagir da maneira que pudermos com aquela pessoa de cara azeda que encasquetou em nos atormentar. Advêm daí as brigas que começam sem qualquer sentido aparente.

Algum tempo depois, passamos a acreditar que o outro está vivenciando uma fase difícil ou atribulada e que tudo voltará aos eixos em algum momento. Não vamos além. Ademais, esse também é o pensamento de quem se encontra com algum problema que não seja físico: acredita que não é nada, que se trata de algo pessoal e que vai passar. Em alguns casos, é o que acontece mesmo. A pessoa começa a administrar seus sentimentos e a controlar as suas emoções, e a partir daí consegue perceber onde estão as brechas para sair de sua má fase e toca em frente.

Vale ressaltar, no entanto, que até que o marido ou a esposa se restabeleça realmente, que volte a dar o ar daquilo que era antes, o desgaste afetivo e emocional entre o casal costuma ser grande. Ambos sentem-se em seu íntimo incompreendidos pelo outro e agredidos.

Em vista disso, os cônjuges devem estar sempre atentos. Não deixar que problemas dessa natureza acabem se alastrando em suas vidas descontroladamente.

A verdade é que, quando nos sentimos incomodados por uma mísera dor de garganta ou um resfriado, corremos ao médico. No entanto, quando alguém se encontra aos prantos à beira do precipício, nem cogita em procurá-lo. E não há qualquer diferença: as doenças de origem psicológica devem ser tratadas tão rapidamente quanto as denominadas orgânicas. Ademais, as doenças de fundo psicológico refletem na saúde do corpo; estão, de certa forma, ligadas. Ninguém passa por um longo período de depressão, por exemplo, sem sentir-se fisicamente enfraquecido.

Segundo a psicóloga clínica e especialista em psicologia clínica Beatriz Accioly,

> *os problemas psicológicos englobam todo desconforto emocional que não seja causado por um acontecimento traumático ou desagradável recente. Ou seja, é normal sentir-se triste após o fim de um relacionamento ou com a morte de um ente querido. Entretanto, se após seis meses você ainda está tomado pela tristeza e não conseguiu retomar o seu funcionamento normal, isso pode ser o sinal de um problema maior.*
> *Sentimos ansiedade diante de situações do cotidiano, mas se a ansiedade passa a ser permanente e sem um motivo aparente, isso pode ser o sintoma de um transtorno de ansiedade. A mesma coisa ocorre com o medo exagerado, a irritação exagerada, entre outros. Nestes casos, o exagero pode ser o sintoma de algo maior do que um simples desequilíbrio emocional, e pode ser um sinal de que a pessoa está precisando da ajuda de um profissional.*

Ninguém nega que vivemos num mundo caótico. Mal temos tempo para dormir por seis horas seguidas e almoçar corretamente. Temos de lidar com questões que realmente nos preocupam, tais como a segurança dos filhos, as diretrizes do trabalho, o chefe de temperamento bipolar, as contas a pagar, as inúmeras reuniões de escola, o trânsito, a saúde da família, as enchentes, a sogra, os enteados e todo o resto. É impossível não sermos física e psicologicamente afetados dispondo dessa precária qualidade de vida.

Em vista disso, ressaltando o anteriormente comentado pela psicóloga, a pessoa que sentir algum desconforto de ordem emocional que se prolongue além de uma semana deve procurar um médico competente o quanto antes. Hoje existe uma gama de tratamentos rápidos e eficazes. Por vezes, somente a terapia já produz bons resultados. Não há motivo algum para alguém viver desnorteado, carregando síndromes por aí.

28. Problemas de ordem física e emocional

Com base no item anterior, quando o organismo está saudável e as emoções equilibradas, qualquer pessoa se sente mais disposta para dar conta de seus objetivos, otimista e feliz. Sente-se mais leve, segura, com o raciocínio mais claro e com a libido em alta. Por sua vez, quando se encontra com o equilíbrio emocional alterado, a sua libido tende a ficar em baixa.

É compreensível. O indivíduo está enfrentando uma batalha para tentar organizar-se intimamente, e esse é um processo que requer muita energia. Não há como pensar em sexo quando estamos física e mentalmente exauridos. É uma questão de lógica: não temos de onde tirar energia, e se não há energia, na há qualquer motivação.

De acordo com o ginecologista e terapeuta sexual Amaury Mendes Júnior,

> *O desejo sexual depende do funcionamento orgânico e psicoemocional, que nem sempre estão em equilíbrio. Fatores como diabetes, hipotireoidismo, doenças circulatórias, doenças degenerativas e o uso contínuo de determinados medicamentos (anti-histamínicos, anti-inflamatórios, remédios para asma) afetam a sexualidade.*
>
> *Outros motivos, como rotina, problemas financeiros, preocupação com a saúde também prejudicam o relacionamento do casal, sendo 90% dos problemas de ordem emocional.*
>
> *Em alguns casos, é preciso medicamentos para recuperar a autoestima, facilitar o processo terapêutico e acelerar o período do tratamento. A proposta da terapia é aliviar o sofrimento causado por uma dificuldade sexual em um curto espaço de tempo.*

Segundo a médica e sexóloga Marilene Cristina Vargas, o uso de alguns anticoncepcionais altera hormônios importantes para que o desejo seja acionado. Ela informa que a depilação em excesso também afeta a libido. "As áreas de pelo têm concentração de feromônios (substâncias químicas que permitem o reconhecimento mútuo pelo cheiro), e, ao retirá-los, o desejo entre parceiros fica comprometido", justifica.

De acordo com o doutor Amaury Mendes Júnior, com a chegada da menopausa, a redução progressiva do hormônio feminino estrogênio, produzido pelos ovários, interfere na feminilidade das mulheres, provocando a diminuição da lubrificação e da elasticidade vaginal – que impede que o ato sexual ocorra de maneira confortável –, diferença na textura do cabelo, na pele e na voz. Com isso, a mulher sente dor durante a prática do sexo, afasta-se do parceiro e fica com a autoestima baixa. No caso dos homens, a dificuldade de ereção é a principal queixa. Os fatores emocionais correspondem a 90% dos casos de disfunção erétil ou impotência, e apenas 10% apresentam causas orgânicas.

Segundo Mendes Júnior, casais com mais de cinco anos de convivência passam por uma redução considerável no ritmo da vida sexual, mas o erotismo permanece latente, e pode ser acionado com a motivação. Estimular a fantasia sexual e o erotismo, fazer reposição hormonal, uso de antidepressivos leves, consumir vitaminas e empenhar-se nas preliminares são algumas das recomendações e dicas para retomar uma vida saudável e feliz.

29. Juro que nunca foi tão bom!

– E então, querida... o que achou?
– Maravilhoso, amor! Nunca foi tão bom...

Em algum momento de suas vidas, quase todas as mulheres já fingiram orgasmo ou êxtase. As pesquisas apontam que quase 70% da população feminina admitiu fingir orgasmos. Por que isso acontece é a grande pergunta. Afinal de contas, é uma situação em que a mulher se coloca em segundo plano para agradar ao ego do parceiro e fazê-lo acreditar que tudo corre às mil maravilhas.

– Teve um dia tão cheio, coitado! Não vou acrescentar mais isso!

Ou, ainda, fazê-lo acreditar que ela responde ao sexo da maneira esperada, no tempo esperado, e sem complicações.

– Se eu falar a verdade, talvez ele me considere esquisita.

Trata-se de uma atitude que, mesmo eventual, invariavelmente lhe acarreta mal-estar e grandes frustrações em seu íntimo, de maneira a sentir-se pouco a pouco desmotivada sexualmente.

Ocorre – como já foi dito – que o homem e a mulher se excitam de maneiras distintas. Para ele, simples situações o estimulam, tais como ver uma calcinha pendurada no varal ou contar com a possibilidade de vir a transar. Ela precisa bem mais do que isso: de tempo para aquecer, de um rol de palavras suaves ao pé do ouvido e – acima de tudo – ser tocada e sentir-se valorizada pelo parceiro. Fatores como estresse e ambiente também afetam o humor da mulher em termos de desejo, enquanto para o homem o mundo pode estar se acabando em fogo que a sua disposição continua a mesma. Enfim, o homem consegue dar a partida rapidamente se utilizando de poucos recursos, e ainda consegue usar o sexo para relaxar; já a mulher, não.

No texto a seguir, existe uma interessante explicação para essas diferenças de comportamento. Diferenças tais que, não raras vezes, levam a mulher a sentir-se fora de sincronia com o homem. Nada que não seja normal. Nada que uns ajustes entre as preliminares e os finalmentes e disposição para um diálogo aberto não possam resolver. Um conselheiro conjugal ou um terapeuta de casais pode também ajudar o casal a colocar os pingos nos is.

O importante é que a mulher não deixe que esse comportamento torne-se uma rotina em sua vida, tendo em vista que é algo que acaba por minar a sua autoestima e a libido, prejudicando o relacionamento como um todo.

> *Do primeiro olhar mais insinuante até a transmissão dos espermatozoides, a natureza compôs uma coreografia para o encontro entre o homem e a mulher. A pressão arterial e a pulsação sobem, o pênis se intumesce, a vagina fica úmida, os pequenos lábios da vulva e o clitóris se expandem.*
>
> *Quando a dança dos corpos chega perto do gran finale, geralmente o homem é o primeiro a viver seu prazer máximo. A vesícula seminal e a próstata se estreitam ritmicamente.*

Na hora H, até 240 milhões de espermatozoides são lançados pela uretra com uma velocidade entre 14 e 18 quilômetros por hora. Se a parceira também chega ao clímax nesse mesmo instante – algo que todos desejam, mas não necessariamente conseguem –, a vagina forma uma "guarnição para o clímax". Assim como o útero, ela se contrai de cinco até doze vezes.

Apesar de ter criado esse balé cuidadoso, a natureza não é mestre em sincronização. Segundo vários biólogos, isso explica por que muitos homens chegam esgotados à sua meta enquanto as mulheres ainda estão no meio do caminho. A pressa masculina seria necessidade da reprodução. Segundo essa visão, o orgasmo funcionaria como um prêmio da natureza pelo êxito atingido, para gratificar os praticantes por passarem adiante sua carga genética e garantir a perpetuação da espécie. O risco de fracasso biológico seria alto demais caso as mulheres fossem coroadas em primeiro lugar com os louros do prazer. "Talvez muitas parceiras simplesmente virassem de lado, satisfeitas, antes que o homem pudesse doar seus espermatozoides", pressupõe Rolf Degen, autor do livro Do ápice das sensações.

A antropóloga americana Helen Fisher, autora do recém-lançado Why we love, *também esclarece o significado biológico do abismo entre homens e mulheres. "Quando nossos antepassados da Idade da Pedra faziam sexo, era importante que ao menos um dos parceiros não se desligasse por completo do mundo exterior", explica. Coube à mulher mais essa incumbência. Durante o sexo selvagem ela permanecia alerta para notar a proximidade de um leão ou o sumiço de uma criança.*

Mas a natureza fez com que o orgasmo feminino não tivesse de acontecer forçosamente durante a penetração. Caso contrário, o clitóris estaria dentro da vagina. O único órgão do corpo humano que não serve para mais nada além de proporcionar prazer é maior e tem mais ramificações nervosas do que se supunha. Possui 8 mil terminais nervosos – número comparável ao que existe no pênis.

Uma pesquisa realizada pelo Hospital Charité, em Berlim, com 575 participantes entre 18 e 71 anos, revelou que quando é forte a pressão pelo gran finale, muitas parceiras partem para a encenação. Segundo o estudo do Charité, apenas uma em cada dez mulheres nunca fingiu um orgasmo. A razão da mentira: 41% delas querem agradar ao parceiro. Por outro lado, uma em cada quatro adota o expediente para abreviar a relação[1].

O começo da solução para o problema? Muita conversa, segundo o psicólogo e sexólogo Paulo Bonança: "Se o sexo não está bom para uma das partes, isso deve ser falado. O outro não tem como adivinhar o que você gosta ou não. Por isso, é legal sinalizar, ajustar os ponteiros, mostrar". Nesse sentido, uma dica importante para a mulher é começar a explorar seu corpo para ver onde gosta de ser tocada. Assim, ela descobrirá novas sensações, ficará mais solta e poderá ensinar o caminho do prazer ao seu parceiro.

30. Vícios

A droga cobra o seu preço na cama – o desempenho sexual vai aos poucos ficando prejudicado, a libido diminui.

Segundo o doutor Osvaldo Luiz Dias Berg, médico graduado pela Escola Médica do Rio de Janeiro, membro da Sociedade Brasileira de Urologia, "o fumo, o abuso do álcool e o uso de drogas comprometem a ereção em razão dos danos causados ao aparelho circulatório e ao sistema nervoso em geral".

O **álcool** tem ação direta sobre o sistema nervoso central, entorpecendo-o e diminuindo os reflexos. Na fase inicial de seus efeitos causa certo relaxamento e desinibição no usuário, podendo ser, erroneamente, considerado útil à prática sexual. Todavia, com o aumento de sua concentração no sangue, seus efeitos adversos diminuem a consciência e a sensibilidade, prejudicando a percepção do indivíduo. Causa diminuição da libido, altera a ejaculação, retarda o orgasmo e diminui a capacidade erétil. Desnecessário dizer que alcoolismo crônico, pelas inúmeras repercussões nocivas que provoca

1 "Descobrindo a anatomia do orgasmo". Revista *Época*, n. 342, 6/12/2004.

no organismo, é altamente prejudicial. Segundo o doutor José Joel Dantas, nas mulheres o álcool afeta a produção hormonal, levando à diminuição da menstruação, causando infertilidade e alterações das características sexuais femininas.

A **maconha** pode afetar a libido em decorrência da diminuição dos níveis de testosterona. Além disso, distorce o sentido de tempo e a percepção dos sentidos. De acordo com o doutor Arnaldo Schizzi Cambiaghi, do Instituto Paulista de Ginecologia e Obstetrícia, na mulher, a maconha pode causar alterações menstruais e ovulatórias por interferir nos hormônios que regulam o ciclo menstrual, além de alterar a ação dos espermatozoides dentro do organismo, causando dificuldade para engravidar.

A **cocaína** estimula o sistema nervoso central e pode causar certa desinibição inicial, seguida, porém, de um quadro de depressão. Também altera a percepção dos sentidos. Além disso, a cocaína produz danos diretos à musculatura dos corpos cavernosos. O uso crônico leva a severos danos ao organismo, além da disfunção erétil e distúrbios da ejaculação. Segundo o doutor Cambiaghi, na mulher, causa alterações hormonais, como por exemplo no hormônio prolactina.

O **ecstasy** é uma droga relativamente nova, sendo consumida principalmente em festas noturnas. Causa dependência física e psicológica. Da mesma forma que outras drogas, afeta a fertilidade do homem e da mulher. No homem, diminui a libido, a concentração de espermatozoides e o número de espermatozoides com o formato ideal (morfologia). Na mulher, causa disfunções na ovulação, menstruação irregular e diminuição da reserva ovariana.

Em suma, as drogas são prejudiciais ao organismo e afetam a libido. E não para por aí. Quem convive com um cônjuge que bebe além da conta e/ou faz uso de drogas compartilha diretamente de seus problemas.

– Vixe! A sua mulher está fazendo um striptease *ali na mesa. Corre lá!*

– Alô! É a vizinha. Acho que o seu marido está caído aqui na porta da minha casa.

Além dos micos a que se expõe, em razão do vício, a pessoa se torna também alheia, agressiva, intolerante, mal-humorada, enfim, deixa de ter os requisitos de caráter imprescindíveis para manter um relacionamento satisfatório com a família e as demais pessoas de seu círculo social.

Evidentemente, acaba por afastar a todos de seu convívio, começando pelos mais próximos (cônjuge e filhos).

De acordo com o doutor José Joel Dantas, o uso de drogas (álcool, cocaína, anfetaminas etc.) frequentemente desinibe o comportamento do indivíduo, reduzindo o controle sobre os impulsos emocionais e aumentando os sentimentos persecutórios. Por essa razão, frequentemente o uso de tais substâncias está relacionado a episódios de violência doméstica. As formas de violência doméstica afetam não somente os cônjuges, mas também as crianças e os idosos, influenciando o bem-estar físico e psicológico de toda a família.

Em vista do exposto, marido e mulher devem estar atentos um ao outro, às suas mudanças de comportamento. E, acima de tudo, ao perceber os primeiros sinais de fumaça, procurar auxílio em clínicas especializadas com psiquiatras e/ou psicólogos, conforme a necessidade. Trata-se de uma situação que quanto mais deixamos correr, quanto mais tentamos ignorar, maiores serão as dificuldades futuras para saná-la.

31. Vício em sexo virtual (cybersexo)

Além das drogas e do álcool, o cybersexo figura entre os grandes vícios da era moderna. Num clique, sem nenhuma exposição ou comprometimento, qualquer pessoa pode dispor de imagens eróticas através da internet.

Uma combinação perigosa – internet, sexo, custo ínfimo e privacidade –, com grande potencial viciante, que atinge indiscriminadamente todas as faixas etárias – de adolescentes a pais de família. Em geral, pessoas psicologicamente sadias, sem problemas de relacionamento, que de repente passam a gastar mais horas acessando endereços eróticos do que trabalhando, estudando ou convivendo com outras pessoas.

– Você está há horas trabalhando aí no micro, amor. Vem jantar!
– Só um minutinho, querida. Tô quase acabando...

Um dado importante é que o número de homens que fazem cybersexo compulsivamente é maior que o de mulheres – na proporção de oito para dois. "As mulheres sentem-se estimuladas ao trocar mensagens e criar fantasias, enquanto os homens ficam satisfeitos com o estímulo visual e mais imediato", afirma o psiquiatra Carlos Eduardo Carrion, que realizou uma pesquisa recente sobre o comportamento dos internautas. Descobriu que 20% deles entram no serviço exclusivamente em busca de um parceiro ou parceira para uma transa virtual.

Um levantamento realizado pela Sociedade Brasileira de Estudos em Sexualidade Humana detectou que 16% dos usuários pesquisados no país passam catorze horas por semana acessando pornografia. "O sujeito que só consegue ter prazer diante do computador precisa urgentemente de tratamento", afirma o ginecologista Nelson Vitiello, um dos coordenadores da pesquisa. [2]

É importante salientar que a dependência de cybersexo deixa marcas profundas na vida dos viciados. Por causa do hábito, abandonam a mulher, deixam de conviver com os filhos e colocam em risco o emprego.

A doença da compulsão sexual não é um fenômeno novo. Estima-se que 3% da população mundial sofra desse distúrbio de comportamento. Em vista desse dado, o sexo on-line já é uma preocupação presente nos centros de tratamento para compulsivos. No Projeto Sexualidade do Hospital das Clínicas de São Paulo, todos os pacientes afirmam utilizar o computador para encontrar novos parceiros ou praticar sexo virtual. Metade deles supera a dependência em seis meses de tratamento, à base de terapia e pequenas doses de antidepressivos. A droga tem o papel de ajudar a diminuir a libido. O restante dos viciados leva um tempo maior para se recuperar. Algumas entidades de ajuda aos maníacos por cybersexo copiam a fórmula consagrada pelos grupos dos Alcoólicos Anônimos. A associação dos Dependentes de Amor e Sexo Anônimos (DASA) é um desses exemplos. Ela possui escritórios em sete cidades brasileiras e difunde a ideia de que a grande meta do viciado em sexo é evitar uma recaída nas próximas 24 horas.

---

2 Revista *Veja* edição 1.658, matéria de Roberta Paduan, Elen Peterson, Marcelo Carneiro e José Edward.

Enfim, como qualquer vício, é preciso que o marido e a mulher estejam atentos às mudanças de comportamento apresentadas por um ou outro, pois em geral são bem visíveis. A dica é nunca se esquivarem da situação com cômodos argumentos e procurar ajuda especializada o quanto antes.

32. Sem energia para encantar e seduzir

O homem e a mulher, enquanto namoram, costumam ser bem ativos. Ambos querem se mostrar cheios de energia e vivazes para encantar e seduzir o outro. Inconscientemente qualquer pessoa sabe que precisa demonstrar ao seu pretendente que está em boa forma, saudável e exalando vigor. É o melhor caminho para que o seu pretendente a avalie positivamente, para que a considere capaz de ter uma boa performance sexual e apta a gerar filhos sadios.

– Amor! Que tal uma voltinha de bicicleta pelo parque amanhã?
– Já estou lá!
– Você não vai conseguir subir esta ladeira, querido!
– Até parece... você vai comer poeira...

Enfim, essa demonstração mútua de vitalidade e saúde faz parte da dança do acasalamento. O homem e a mulher têm como princípio inerente à natureza buscar parceiros saudáveis e ativos. Saudáveis, ativos e com boa disposição para lhes dar prazer e procriar.

Ninguém, em sã consciência, vai se sentir sexualmente atraído por um indivíduo que lhe dá a entender que está nas últimas.

Após alguns anos de casamento, pelas razões já descritas, o homem, a mulher ou ambos podem deixar de dar importância a essa história de se mostrar com um temperamento vivaz, boa disposição e saúde.

E uma vez aboletados no sofá diante da TV, passam a agir como doentes terminais. Falam-se apenas para discutir sobre o programa a que desejam assistir.

Eis o que o marido ou a esposa que se encontra ainda vivo pode pensar quando vê o cônjuge definhando no sofá:

– Olha só! Está quase morrendo!

Racionalmente podemos até tentar outro pensamento:

– Está tão cansado(a). Trabalhou tanto. Melhor não incomodar."

Mas não somos tão racionais em termos de sexo. Pensamos realmente como nossos ancestrais das cavernas. Os que ficavam dormindo e se mostravam apáticos não eram chamados para o sexo, para poderem se recuperar de alguma doença ou das dilacerações ocasionadas por animais.

Enfim, a falta de vitalidade de um dos cônjuges ou de ambos afeta drasticamente a atividade sexual do casal. Pelas razões óbvias: a pessoa se torna pouco atraente para o sexo, desestimulando o parceiro a ter iniciativas de sedução. Trata-se também de alguém que se encontra sem a menor vontade de fazer qualquer coisa, seja uma voltinha pelo quarteirão ou uma rapidinha ao lado da máquina de lavar.

Atitudes que tornam o convívio conjugal pra lá de morno.

Assim, a dica para quem deseja manter o vigor em dia é a prática regular de exercícios físicos.

Estou ouvindo algo assim:

– Mas não tenho tempo pra nada...

Para a TV e a internet as pessoas arrumam um tempo enorme. Em último caso, uma ergométrica ou uma esteira na frente da televisão pode ser uma boa alternativa e traz bons resultados.

As pesquisas apontam que as pessoas que praticam regularmente alguma forma de atividade física possuem mais disposição para o sexo. Uma caminhada de trinta minutos por dia, pelo menos três vezes na semana, já é um bom começo.

Quem não tiver tempo ou resistência para caminhar trinta minutos de uma só vez, pode partir a caminhada em duas de quinze minutos, realizadas em horários diferentes no mesmo dia. Trocar o elevador pela escada também é uma boa dica. Levar o cachorro para passear, ir a pé à padaria, à casa da sogra...

Uma dieta leve e saudável também contribui bastante para o bem-estar físico e emocional, pois o reflexo exterior positivo se reflete no interior.

Uma alimentação rica em gorduras e calorias e pobre em vitaminas é um veneno para o desejo sexual. O ideal é introduzir frutas à dieta, legumes e vegetais à vontade.

Não existe milagre. Para que o sexo seja sempre estimulante é preciso que haja investimento e dedicação. O casal deve cuidar da saúde, do bem-estar físico e emocional para que ambos possam se sentir bem, com boa autoestima, atraentes e desejados, e assim extravasar a sua sensualidade.

33. Mas por que brigamos mesmo?

Após as brigas titânicas, geralmente seguem-se as semanas (ou meses) de mutismo. Os cônjuges já nem se lembram do motivo que os levou a ficarem sem se falar e a fechar a cara um para o outro, mas continuam na defensiva apenas para não dar o braço a torcer. Trata-se de uma atitude que remonta às picuinhas infantis, e nada mais. Ficam de mal por semanas a fio. Em seu íntimo, ambos esperam que o outro se desculpe por tudo. Ocorre, porém, que não somos crianças, somos adultos. Marido e mulher devem agir como tais.

Por vezes, nesse período de mutismo (ou de puro descaso mútuo), um dos dois pode estar passando por uma fase difícil e precisa realmente conversar. Ou precisa de uma orientação e não tem ao seu lado uma pessoa que o ouça ou o apoie. Esse é um caminho livre para o homem ou a mulher esbarrar em um amante. E não é para menos. A pessoa está carente, sentindo-se em último lugar na fila dos bem-amados e desprezada. Qualquer um que lhe der bola será recebido de braços abertos.

– Oi! Você pode me ajudar com esta esteira? Não sei como funciona e o professor sumiu...
– Claro!

Ademais, o lar e a família precisam de atenção. Como os cônjuges podem administrar suas diretrizes domésticas sem se falar?

É um comportamento, enfim, que gera muitos problemas ao marido e à mulher e os distancia física e afetivamente. (Eu diria que ainda mais à mulher, pois o homem consegue se desvincular de seus problemas domésticos e conjugais enquanto trabalha; já a mulher fica o dia todo encasquetada com seus rodamoinhos de pensamentos desconexos e se atrapalha).

– O relatório está pronto, dona Judith?
– Eu já não o entreguei?
– Não!

Os psicólogos e terapeutas orientam os casais para que evitem esse comportamento. Ninguém precisa conversar após uma briga, quando as fagulhas ainda estão acesas, mas devem retomar o diálogo o quanto antes. Pode ser aos poucos, para quebrar o gelo. Por vezes, o casal pode estar às turras por se sentir afetado pelo ambiente (muito calor, pouco espaço, monotonia, barulho, desordem). Sair da área de conflito pode ser uma boa estratégia. Chamar os amigos para um bate-papo também desanuvia a tensão. Elaborar um prato gostoso na cozinha traz alegria ao ambiente. Enfim, há muitas maneiras de evitar que esse comportamento se torne uma desagradável rotina na vida dos cônjuges.

34. Deixe que o mundo se acabe lá fora

Das brigas titânicas às semanas de mutismo, existe algo aí pelo meio que também acaba com afetividade entre os cônjuges: trocar sexo por problemas.

Pode ser que o mundo esteja desmoronando agora. Pode ser que desapareça em poucos minutos. Deixe que se acabe lá fora. Aproveite o que está em mãos.

O mau momento costuma passar. Uma hora ou outra as complicações da vida são desembaraçadas. E quando isso acontece, é muito difícil para o casal que está a milhares de quilômetros um do outro no plano físico e emocional tentar a retomada sexual. São pessoas que perderam a intimidade. Tornaram-se, simplesmente, estranhos.

Durante esse período, se os cônjuges ficarem a distância, muita coisa boa ficará perdida na vida de ambos. E muita bagagem de dramas será acrescentada.

Assim, a despeito dos acontecimentos, se os cônjuges se voltarem um para o outro por trinta minutos ao dia, ou trinta na semana, que seja, não vai afetar em nada o deslinde dos problemas. O resultado será o mesmo.

Se tudo está difícil, esse é o momento para se manter a união, a alegria, o afeto e o amor, e nada melhor do que o sexo para proporcionar esse pacote por inteiro ao casal. Nada como o sexo para exorcizar a mente dos problemas, manter-nos otimistas, saudáveis e inundar o corpo de prazer e vivacidade.

Como dito antes, o homem tem mais facilidade para se desvincular dos problemas do cotidiano e voltar-se para o sexo. E utiliza também o sexo como válvula de escape para relaxar. Se assim não agisse, o ser humano provavelmente teria se extinguido ainda nos primórdios, pois dificuldade é o que não lhe faltava naqueles tempos.

Ainda assim, devido ao histórico da vida moderna (estresse, sedentarismo, competitividade no trabalho, alimentação calórica, vícios e nenhuma necessidade de se acasalar com o intuito de gerar descendentes para defender o território), o homem tem perdido progressivamente a libido e se voltado mesmo para a TV.

A mulher, por sua vez, precisa sentir-se relaxada para transar, qualquer apoquentação já desmorona o seu desejo. Junte-se a isso o fato de estar com umas gordurinhas a mais e pronto – nada de sexo.

Enfim, existem muitas coisas que acabam com a libido e desfavorecem a vida sexual de qualquer casal. Mas podem ser administradas se houver boa vontade entre ambos – e se os pequenos e os grandes problemas do cotidiano não os vencerem.

Os terapeutas de casais recomendam os exercícios físicos de baixa intensidade para os cônjuges aprenderem a eliminar a tensão, respirar adequadamente e controlar suas emoções. A ioga, a meditação e a terapia também são práticas recomendadas.

35. Trocando sexo por comida

– Amorzinho! Abriu uma churrascaria nova aqui perto. Vamos lá conferir?
– Só se for agora!

– Vou comer o x-burger triplo, e você?
– Quero um também! E pede o sunday de chocolate.

Hoje em dia, com a imensurável oferta de restaurantes e *fast-foods* espalhados pelas cidades e shopping centers, capazes de atender a todos os gostos e bolsos, comer fora é um programa que está em alta.

Em cidades como São Paulo, destituídas de praias e com pouquíssimas áreas verdes voltadas ao esporte e lazer, comer fora figura para boa parte de seus cidadãos como a primeira entre suas opções de entretenimento.

Há também um comércio variado de pratos congelados para quem não se aproxima da cozinha, e grande investimento em apartamentos com área *gourmet* para quem não sai dela.

Enfim, a comida está acessível a todos por toda parte, como nunca antes esteve.

Em vista disso, as pessoas estão se alimentando além da conta e tornando-se obesas. E não para por aí. Uma vez obesas, o ritmo do corpo cai, levando-as a evitar movimentos que exijam maiores esforços respiratórios, como subir escadas, andar pelo shopping, levar o cachorro para passear, praticar algum esporte. E sexo, claro.

Enfim, a obesidade conduz o indivíduo a uma vida sedentária, que por sua vez conduz à diminuição da libido. Em outras palavras, o casal se alimenta cada vez mais e faz sexo cada vez menos.

Ocorre também, como já foi dito, que uma alimentação rica em gorduras e calorias e pobre em vitaminas é um veneno para o desejo sexual. E é exatamente dessa alimentação que dispomos ao entrar numa churrascaria, numa pizzaria e nos *fast-foods*. E tudo regado a refrigerantes e bebidas alcoólicas, para piorar ainda mais o quadro calórico.

Outra questão é que as pessoas começam a comer demais e invariavelmente perdem a forma, a vitalidade e a autoestima –

principalmente a mulher, sempre preocupada em se enquadrar aos padrões estéticos. Enfim, deixam de se sentir atraentes e passam a evitar o sexo.

É evidente que comer é um ato prazeroso, e esses momentos devem ser valorizados pelo casal. Valorizados, não superestimados. A comida deve ser pensada com critério. Ir a um restaurante que ofereça pratos mais leves, ter frutas em casa, fazer grelhados, evitar as bebidas alcoólicas, cortar o consumo excessivo de doces. Enfim, existem mil maneiras de não deixar que a comida os impeça de ter uma vida sexual ativa e prazerosa.

36. Pode sair da minha casa agora! Já!

– Pode sair agora! Já! E leve suas tralhas e o seu cão fedorento com você!

Numa briga conjugal, nada pode ser pior do que esse desfecho. Ocorre que dificilmente os cônjuges possuem o mesmo valor de posse dentro de uma casa. Há sempre um deles que paga uma parte maior do financiamento, ou mesmo do aluguel, ou que comprou a moradia com seus recursos ou a recebeu de herança, enfim, são inúmeras as situações que podem colocar um dos cônjuges em desvantagem sobre o outro, ainda que a lei o ampare.

Em vista disso, a despeito do que consta no contrato nupcial, aquele que se considera o dono do cafofo pode simplesmente se sentir à vontade para tocar o outro para fora do lar. Aos gritos, evidentemente. Com direito às roupas jogadas pela janela.

É uma cena até engraçada para quem não participa dela, mas humilhante para quem a vivencia, seja homem ou mulher. Com filhos agarrados à saia, nem se fala. Trata-se de terrorismo, com direito a uma chamada 190.

É uma situação que fica marcada na vida de qualquer pessoa. De um momento para outro, toda a sua vida precisa ser reorganizada do nada, em questão de minutos. E todo esse drama parte daquele ou daquela que um dia jurou com a voz mais doce do mundo estar sempre ao seu lado.

Cedo ou tarde a reconciliação do casal pode até acontecer, mas a confiança foi abalada, e o relacionamento tende a nunca mais ser o mesmo. Isso porque muda a maneira como o cônjuge excluído passa a ver o cônjuge que o tocou para fora. Sempre haverá ressentimentos.

Em vista do exposto, o casal deve aprender a se respeitar, a segurar as pontas em seus momentos de conflitos. Numa briga conjugal, há muita emoção desconexa exalando pelos poros de ambos, o que enseja que aquele que estiver mais centrado no momento tenha a humildade de jogar a toalha e sair de cena. Esse é um modo de evitar que uma briga que se inicia por nada acabe com tudo o que existe de bom entre duas pessoas.

37. E dá no que dá

Após o casamento, as mulheres facilmente voltam-se para seus maridos, dão-lhes atenção em excesso e se esquecem de si, de que têm uma vida para dar conta. [3]

É importante compreender que, por razões sociais, o homem tem uma natureza conquistadora e tende a afrouxar os laços ao sentir-se seguro com o matrimônio, ou seja, seu empenho em estar sempre bem na fita em relação à companheira diminui. A mulher, por outro lado, tem uma natureza protetora, ligada à maternidade, e tende a se apegar ao lar, ao marido e aos filhos.

Em síntese, após o casório, o homem procura soltar-se da mulher e a mulher procura agarrar-se ao homem. E dá no que dá. É tudo muito sutil, mas leva a mulher a se ocupar ou se preocupar muito com o relacionamento, a se ocupar de sua estabilidade, a se ocupar em agradar mais ao companheiro do que este a ela.

Em vista disso, ela perde o brilho, se apaga mesmo, e se coloca, não raras vezes, em último lugar na fila, principalmente com a chegada dos filhos, que exigem uma doação muito maior dela que de seu companheiro. Em razão das circunstâncias, sua autoestima tende a cair, afetando o seu modo de ser. O marido passa então a vê-la

---

3 Trechos do livro *Antes do sim – tudo o que a mulher precisa avaliar para o casamento*, p. 54-55, da autora.

como uma pessoa diferente, com o brilho ofuscado, bem menos interessante e atraente do que aquela que o conquistou.

É essencial, portanto, que toda mulher procure o melhor para si. E busque estar sempre em dia consigo, com suas expectativas, com seus sonhos. Para tanto, é imprescindível manter a luz acesa em seu interior, cuidar de sua vida em particular e nunca permitir que a vida do marido se sobreponha à sua.

E, acima de tudo, buscar sua independência financeira, procurar ter uma profissão, um meio de se sustentar.

Dessa maneira, ela certamente se sentirá segura e valorizada, com autonomia para dirigir a sua vida. E sua imagem se refletirá aos olhos do marido como uma mulher forte, independente, atraente e sedutora.

38. Sob o manto das melhores intenções

Qualquer carrasco sabe que para intimidar uma pessoa e fazê-la comer em sua mão basta descobrir os seus pontos fracos. E todos nós os temos, não há como negar.

> *– Querido, estou pensando em fazer um curso de culinária à noite, duas vezes por semana. Você fica com as crianças?*
> *– A Lu anda tão doentinha. E se acontecer alguma coisa e você não estiver por perto?*

Outra maneira excelente de intimidar alguém é tratá-la como se não tivesse condições de discernir sobre as coisas ou mesmo saber o que é melhor para si.

> *– Ouça a minha ideia, querida. Eu vendo o meu carro e compro um mais barato. Com a diferença, darei entrada naquela sala comercial em que estou de olho faz tempo...*
> *– Por que você não deixa tudo como está, amor? Você sabe que é ruim de contas. Lembra a roubada em que você se meteu no seu último negócio?*
> *– Não perdi quase nada ali.*

– Mas perdeu tempo e teve um monte de dor de cabeça. Melhor não fazer nada que você ganha bem mais.

Nos exemplos acima, os cônjuges podem deixar de fazer o que desejam por se sentirem intimidados pelo outro. Num plano sutil, talvez, mas que os faz recuar.

Esse domínio, evidentemente, é algo que ocorre de maneira progressiva. E por acontecer aos poucos, sempre envolto pelo manto das melhores intenções, acaba se tornando uma rotina para quem o vivencia. O problema é que quando a pessoa dá por si, já não pode sequer respirar, mudar de time, a marca do macarrão, ou receber visitas em casa sem a permissão do outro.

Esse cerceamento sobre as ações do outro, digamos assim, ocorre por uma única razão: a pessoa de caráter dominador quer que o seu companheiro ou companheira siga suas diretrizes ao pé da letra para que se transforme em alguém como ela mesma.

Alguém que tenha o mesmo comportamento e pensamentos, nada menos do que outro eu do sexo oposto. Em outras palavras, alguém que não a intimide com uma personalidade distinta da sua.

Em vista disso, com o intuito de manter o domínio sobre o cônjuge, essa pessoa se torna cada vez mais intolerante com seus atos e passa a exercer uma influência cada vez maior sobre sua vida.

Esse é um comportamento vivenciado por muitos casais. No começo, tudo corre às mil maravilhas; no entanto, de uma hora para outra, o marido ou a esposa tenta impor a sua vontade ao cônjuge.

Existem muitas razões que podem levá-los a viver desse modo. E podem advir de problemas relacionados à autoestima, problemas de ordem financeira, ou mesmo da imaturidade da pessoa de perfil dominador. Pode ainda tratar-se de problemas psicológicos ou relacionados à ingestão de algum medicamento de uso contínuo.

O que importa saber é que o casal que vive dessa maneira aterradora precisa da ajuda de um terapeuta de casais ou de um psicólogo, tanto o cônjuge que tenta exercer o seu domínio quanto o que – por alguma razão – se permite controlar.

Por fim, vale dizer que o que temos de mais precioso em nossas vidas é a liberdade, e esta deve ser valorizada entre marido e mulher para que possam desfrutar de um convívio digno, ajudando um ao outro a ser feliz.

39. Dor de cotovelo, eu?

– Amor! Estou te ligando para dizer que eu consegui!
– Conseguiu o quê?
– Ser promovida... não é o máximo?
– Ô!

Nesse exemplo, dá para perceber que o marido não ficou lá muito feliz com a boa nova de sua esposa. Em seu íntimo, talvez haja algum receio de que ela o faça comer poeira.

É compreensível. O homem ainda figura como o provedor do lar ou como aquele que tem o maior salário entre os cônjuges. Assim, qualquer abalo que essa imagem possa sofrer o perturba.

A despeito do que dizem por aí, a competitividade entre marido e mulher é saudável. Faz com que ambos estejam correndo lado a lado. Faz com que se sintam motivados a enfrentar novos desafios.

– Estou pensando em fazer um MBA. Assim melhoro minhas chances para o cargo de diretor.
– Puxa. Acho que vou fazer uma especialização também. Preciso dar um up no meu currículo.

Ocorre que nem sempre poderão estar lado a lado. Em razão das circunstâncias, ora um, ora outro pode disparar na frente. Nessas horas, aquele que ficou para trás precisa aprender a lidar com a sua dor se cotovelo. Deve dar um jeitinho de se pôr acima das elucubrações do ego.

Marido e mulher não são coleguinhas de trabalho para se mostrar ciumentos quando um dos dois consegue se destacar. São duas pessoas que um dia se comprometeram por amor a oferecer o melhor de si uma à outra. Que se comprometeram a se ajudar a chegar lá. E isso não pode ser esquecido em tempo algum.

Assim, quem está à frente ou ficou lá atrás, não importa. Trata-se apenas de um período na vida de cada um, e as coisas tendem a mudar. O que importa é que ambos se esmerem em prol um do outro e de sua família, para que possam prosperar e realizar os seus objetivos, tanto em comum como individuais, desfrutando, enfim, do melhor que uma vida em harmonia e distante dos problemas financeiros pode lhes oferecer.

Parte 3

Por que um casamento acaba?

Esta é a grande pergunta: por que um casamento acaba? E para ela existem inúmeras respostas.

Se sairmos a campo para saber o que pensam os homens e as mulheres sobre essa questão, ouviríamos basicamente o seguinte:

Homens:

"Termina quando os dois viram papai e mamãe."
"Porque chega o momento em que cada um quer coisas diferentes. E não dá mais para negociar."
"Acaba quando a grana fica curta."
"Acaba porque o casamento vira uma chatice."
"Acaba porque começam a se estranhar."
"Porque a mulher fica igualzinha à sogra: insuportável!"
"Porque um deixa de valorizar o outro."
"Porque depois de um tempo o sexo cai na rotina."
"Acaba se houver traição."
"Porque depois de um tempo de casada a mulher não quer mais transar com o marido. Está sempre com enxaqueca."
"Porque deixam de se sentir atraídos fisicamente."
"Porque depois que tem filhos a mulher deixa de se cuidar. Só sai de cara lavada e roupas largas."
"Acaba porque os filhos estressam muito o casal."
"Porque ninguém consegue agradar uma mulher."
"Porque depois que a mulher se casa ela vira outra e bota as manguinhas de fora."
"Acaba porque a mulher acha que é a dona do marido. Está sempre no pé."
"Porque com o tempo se desinteressam um do outro."
"Acaba quando começam as brigas."
"Acaba porque o casamento põe um fim ao tesão dos dois."
Destaque para a mais ousada das respostas: "O casamento não foi feito para o homem. Ele não é monogâmico, não aguenta viver uma vida inteira com a mesma mulher".

Mulheres:

"O casamento acaba porque o marido deixa de ouvir a mulher."
"Acaba por falta de diálogo."
"Porque o homem não aguenta passar por uma crise financeira sem se destruir."
"Porque o homem quer investir o dinheiro do seu jeito."
"Acaba porque o homem deixa de se cuidar e arruma uma pança enorme."
"Acaba quando o homem se aposenta e fica em casa vagando de um lado para o outro reclamando da vida."
"Porque o homem esquece que não vive sozinho e sai à vontade pela casa arrotando, entre outras coisas."
"Porque o marido não sai do pé da mulher."
"Acaba porque o homem deixa de ser romântico."
"Porque o marido começa a beber demais."
"Porque o homem relaxa muito depois de casado. Engorda e só anda com roupas velhas."
"Porque o homem deixa a mulher muito sobrecarregada com os filhos."
"Porque o homem vive de mau humor. Tudo é um drama."
"Porque o homem começa a esticar demais o pescoço para o lado."
"Porque o homem nunca quer fazer coisa alguma dentro de casa. Só fica na frente da TV. Ou só trabalha."
"Porque perdem o interesse em conversar um com o outro."
Destaque para a mais divertida das respostas: "Porque, depois do casamento, o homem quer que a mulher o trate como se ela fosse a sua mãezinha. O problema é que nenhuma esposa quer um filhinho mimado para cuidar, e sim um marido".

Um dado interessante sobre o resultado dessa pesquisa aponta que aproximadamente 60% dos homens, quando inquiridos sobre a razão do fim do casamento, dão mais crédito às circunstâncias como o principal causador da separação do que à própria esposa. A mulher, em sua quase totalidade, aponta o homem como o motivo primário da separação.

Isso ocorre, como dito antes, porque a mulher tem uma natureza diferente da do homem. Ela é sensível, conciliadora, e se apega facilmente à família, ao marido e ao lar após o casamento. É natural que ela o aponte como o principal causador de tudo, pois tem muitas expectativas em relação a ele.

A verdade é que quando entregamos o mundo a alguém, certamente vamos cobrar à altura.

Já o homem, por ser mais arrojado e ter uma natureza conquistadora, não se sente muito ligado às questões domésticas, por isso, suas expectativas em relação à mulher são niveladas medianamente. Ou seja, ele não tem a tendência de se sentir frustrado em relação ao comportamento da esposa, o que é bom. Por outro lado, a sua preocupação em agradar é menor, pois não sente a necessidade de estar sempre atuando como se estivesse para conquistar uma mulher.

Enfim, a mulher é mais sensível aos descuidos do homem, mas também investe mais no relacionamento do que ele. Ela briga com o marido à tarde, e à noite faz aquele bolinho de chocolate que ele adora.

O homem, por sua vez, tem pouco interesse em avaliar os descuidos da esposa (enquanto ela o atender sexualmente, tudo estará bem), mas é menos inclinado a dar tudo de si num relacionamento que considera estável. Suas galantes promessas de antes do casamento deixam de ter sentido em poucas estações.

E dá no que dá. No fundo, os problemas relacionados aos casais de hoje (ou de milênios atrás) surgem a partir desse contexto.

Tanto para o homem quanto para a mulher, é realmente difícil desembaraçar-se desse panorama porque se trata de comportamento. Chegamos ao século XXI carregando conosco certos conceitos passados por gerações, vícios sociais, aspirações e expectativas que promovem esses conflitos na vida conjugal.

Procurar identificá-los e entendê-los e viver de um modo que possam conciliar as diferenças inerentes à natureza de cada um é o grande desafio de qualquer casal.

Para ajudar nessa questão, o exercício a seguir propõe aos cônjuges que reflitam sobre a maneira como estão vivendo neste momento. Que retomem suas expectativas conjugais de outrora e tentem descobrir o que não está indo muito bem, o que está bom, o que está indo de vento em popa e o que pode melhorar.

Não se trata de apontar o dedo um para o outro, mas de descobrir onde estão falhando, tanto individual como conjuntamente. Que atitudes e comportamentos, digamos assim, merecem alguma atenção e adequação para evitar os conflitos e manter a harmonia no casamento.

Marido.
1. Em sua opinião, por que o casamento acaba?
2. O que você acredita que poderia ser feito individualmente ou a dois para evitar que termine?

Mulher.
1. Em sua opinião, por que o casamento acaba?
2. O que você acredita que poderia ser feito individualmente ou a dois para evitar que termine?

Ao finalizar o exercício, leiam as respostas um do outro. E deem andamento às diretrizes apresentadas, pois certamente os ajudará a vivenciar um casamento feliz, próspero, duradouro e repleto de amor. É o meu desejo para vocês.

Epílogo

Alice Maria e Paulo Roberto

Paulo Roberto olhou para o relógio de pulso, afrouxou a gravata e sorriu satisfeito, espreguiçando-se numa cadeira giratória. Eram cinco e meia da tarde, uma tarde ensolarada de sexta-feira. "Até que enfim!", pensou. Dali correu até a porta, olhou para um lado e depois para o outro. Ótimo! Ninguém no corredor. E saiu apressado em largas passadas, numa fuga sorrateira por trás dos inúmeros arquivos espalhados pela empresa. De repente, algo lhe fez estacar no meio do caminho: um relatório que se esquecera de concluir. E agora? Se ficasse, nunca chegaria em casa antes das sete e prometera à esposa que não se atrasaria para um jantar entre amigos. E se não houvesse tempo de concluir o relatório antes que o chefe o pedisse? Não! Não podia voltar! Prometera a Alice, jura em cruz, pela sua mãe, pelo Bom Menino Jesus de Piraporinha, pela Virgem Maria de...

– Ahá! – Ouviu por trás de suas costas.

Ao virar-se num susto, deu de frente com o mais fofoqueiro de seus colegas de trabalho: o Zupa-cabeça-de-bagre, o Zupa-leva-e-traz, o Zupa-cretino.

– E aí? Saindo mais cedo, hein, meu chapa? – indagou, com um sorriso de fuinha. – Vai pra praia, né?

Na noite seguinte, no supermercado...

– Minha senhora, este queijo é meu! Acabei de separá-lo! – informou Paulo Roberto a uma mulher que acabara de ver tirando o tal queijo de seu carrinho.

– Não é, não! Eu vi primeiro! Jorjãããooo! – gritou ela. Ao chamado, apareceu um homem de meia tonelada, careca, com um dragão tatuado no braço.

– Ô Zuleica, algum problema aí?

Ao ver o brutamontes emergir diante de si, Paulo Roberto correu dali com o carrinho, arrastando a esposa consigo para o outro corredor.

Na volta, foi dirigindo quieto, de cenho franzido, enquanto ao seu lado Alice tentava adivinhar em que pensava. Seria no episódio do queijo na seção de frios? Não. Isso era caso sem importância. O que realmente não lhe saía da cabeça era o relatório que se esquecera de concluir. E, para piorar a situação, imaginava a todo instante o Zupacretino diante do chefe, dizendo-lhe, com ares de profunda preocupação, ter visto o Paulo saindo mais cedo na sexta-feira. E ainda completaria com uma observação: "Será que ele tá com algum problema?".

Uma pergunta inesperada o afasta de seus pensamentos:

– Você se lembra de quando nos casamos? – quis saber Alice.

– Mas é claro! – respondeu Paulo amavelmente, diante de um farol que já estava para abrir. E se aproximou para beijar a esposa quando uma sonora buzinada o interrompeu.

– Vai se catar, ô idiota! – esbravejou com o motorista apressado e saiu numa arrancada.

– Pois eu acho que tudo mudou! – continuou Alice, ignorando o ocorrido. – Você anda muito distante.

Droga! Uma crise conjugal, agora?

– Deixa de ser boba! Eu ando é preocupado com o meu trabalho, só isso.

– Isso é desculpa... Há quanto tempo você não me faz uma surpresa, não me dá flores?

Paulo tentou se lembrar. Realmente! Fazia mesmo um bocado de tempo e nem percebera.

– Você pensa que eu tô na tua mão, é isso?

– Não penso, não! Deus me livre!

– É claro que pensa! Acha que porque casou tá garantido!

– Alice! Me poupe! Eu tô cansado e cheio de problemas...

– Nem vem! Você tá sempre cansado e cheio de problemas! Sempre! Nem sei onde é que arruma tantos... É o senhor-não-fale-comigo-hoje-estou-estressado!

Deus do céu! Eu não mereço isto!

– Sabe como é... – tentou se explicar. – Eu tenho trabalhado até tarde...

Como ia dizer que, ao sair do escritório, a única coisa que lhe vinha à cabeça era chegar em casa, tomar um banho e se jogar no sofá para assistir o que fosse diante da TV?

– Quando nós namorávamos, tudo era bem diferente... – tornou Alice, num tom melancólico. – A esta hora, estaríamos tomando um sorvete bem juntinhos, descontraídos, numa praça qualquer...

– Alice Maria! Pelamordedeus! – retrucou Paulo Roberto. – Você não vai querer que eu estacione o carro cheio de compras numa praça, vai? Tem ladrão pendurado até em árvores por aí.

– Naquela época você não pensava assim. Não existiam ladrões, sequestradores, chefe, as contas a pagar, a crise, a queda ou a alta do dólar, e sei lá eu mais o quê.

– Naquela época, eu era um insensato! – replicou o marido ao dobrar a esquina de sua casa.

– Pois eu preferia você daquele jeito! – concluiu Alice, encerrando de vez a conversa.

Na segunda-feira, aos trancos e barrancos, Paulo Roberto chegou ao escritório, pronto para o pior. Porém, nada do que imaginara de ruim aconteceu. Por alguma razão, o Zupa-cabeça-de-bagre o deixara em paz, e o chefe nem se lembrou de lhe pedir o relatório. Era hora, então, de pensar na esposa.

À noite, surpreendeu-a com um lindo ramalhete de flores do campo, uma caixa de bombons e uma garrafa de vinho do Porto. E depois do banho, perfumou-se e a chamou com entusiasmo:

– Vem cá, meu bem! Eu tô cheio de amor pra dar!

– Só um minutinho! – respondeu ela, com os olhos grudados na TV. – Eu quero ver este capítulo da novela. É hoje que a Maria Rita vai pegar o marido no flagra.

– Vem logo, Alicinha!

– Espera só mais um pouquinho!

Uma hora depois, Alice sai correndo atrás do marido, feliz da vida. E o encontra dormindo aos roncos, abraçado a uma garrafa de vinho.

MATRIX

Impresso por :

Graphium
gráfica e editora

Tel.:11 2769-9056